…NNE CONDUITE

…ES ET SOEURS

…T FRANGINES DE MANIÈRE EFFICACE ET RAPIDE ?
…IGNALISATION SUPER PRATIQUES.
…S VONT FILER DROIT !

GROSSES BOSSES EN VUE SI TU M'EMBÊTES !

SAUVE-TOI AVANT QUE JE NE M'ÉNERVE !!!

ÇA TE DIT UN PETIT TOUT EN VÉLO ?

MON HUMEUR EST CHANGEANTE, IL FAUT ME MÉNAGER

TU FAIS MES DEVOIRS,JE TE DONNE DES BONBECS

DONNER C'EST DONNER, REPRENDRE C'EST VOLER

NON MERCI, J'AI PAS BESOIN QUE TU M'ACCOMPAGNES

TU ME SAOULES AVEC TON TÉLÉPHONE

CONTINUE COMME ÇA ET TU VAS EN PRENDRE UNE !

le guide junior pour
bien dresser ses frères et sœurs

SCÉNARIO : GOUPIL - DOUYÉ
DESSIN : MILLER
COULEURS : DENTIBLÙ

VENTS D'OUEST

Retrouvez dès à présent les Guides Junior sur :
http://ninoumino.canalblog.com

37, rue Servan
38000 Grenoble
www.ventsdouest.com

Dépôt légal : septembre 2009
ISBN : 978-2-7493-0531-8
Achevé d'imprimer en Italie en août 2009 par L.E.G.O. S.p.A.,
sur papier provenant de forêts gérées de manière durable.

À QUOI SERT CE GUIDE ?

À COMPRENDRE TES FRÈRES ET SOEURS
TU CROIS QU'ON VA DÉCOUVRIR COMMENT IL MARCHE ?
C'EST PAS POSSIBLE QU'IL FASSE AUTANT DE BÊTISES, ON VA TROUVER LE TRUC !
À NE PAS TE LAISSER DOMINER PAR TES FRÈRES ET SOEURS
C'EST QUI LE CHEF ?
OK, C'EST TOI, T'ES CONTENT ? MAINTENANT, RENDS-MOI MA BD !
À CE QUE TES FRÈRES ET SOEURS T'OBÉISSENT AU DOIGT ET À L'OEIL
AÏE
À TE FAIRE AIMER D'EUX
T'AS VU COMMENT ÇA L'A ÉMUE QUE JE LUI OFFRE CE BOUQUET DE FLEURS ?
IDIOT ! ELLE PLEURE PARCE QU'ELLE EST ALLERGIQUE AUX ROSES !

C'EST QUOI DES FRÈRES ET SOEURS ?

DE DRÔLES DE BESTIOLES...

C'EST QUELQU'UN DE LA MÊME FAMILLE QUE TOI
SGRAT SGRAT
REGARDEZ MINO, IL A UN FRÈRE ENFERMÉ DANS LA CAGE !
Hi Hi Hi Hi
C'EST QUELQU'UN QUI A AU MOINS UN PARENT EN COMMUN AVEC TOI
ALLER EN BOÎTE ? BIEN SÛR QUE J'AURAI LA PERMISSION. MON PÈRE EST TROP COOL, IL ME LAISSE FAIRE TOUT CE QUE JE VEUX !
!
AH BON, T'AS PAS LE MÊME PÈRE QUE MOI ?
C'EST QUELQU'UN QUI PEUT ÊTRE PLUS ÂGÉ QUE TOI
VAS-Y, LÂCHE-MOI ! T'ES RELOU !
C'EST COMME ÇA QUE TU PARLES À TA MÈRE ?
C'EST PAS MA MÈRE, C'EST MA FRANGINE !
C'EST QUELQU'UN QUI PEUT ÊTRE PLUS JEUNE QUE TOI
QU'EST-CE QUE TU FAIS ?
UN JOUR, TU SERAS PLUS GRAND QUE MOI, C'EST PAS NORMAL... T'ES MON PETIT FRÈRE, TU DOIS LE RESTER !
UN FRÈRE OU UNE SOEUR, ÇA NE SE CHOISIT PAS... CONTRAIREMENT AUX AMIS
ÇA SERAIT SUPER SI ON ÉTAIT SOEURS !
AH OUAIS, GÉNIAL, ON SE DISPUTERAIT TOUT LE TEMPS !
C'EST QUELQU'UN QUI SERA PROCHE DE TOI TOUTE LA VIE
QUAND T'ÉTAIS PETIT, QU'EST-CE QUE T'ÉTAIS CASSE-PIEDS !
AH NON, C'EST LOULOU QUI ÉTAIT CASSE-PIEDS, MOI J'ÉTAIS SUPER COOL !
VOUS DÉRAILLEZ, LES VIEUX, J'AI TOUJOURS ÉTÉ SAGE COMME UNE IMAGE. NINOU, PAR CONTRE...
2

À QUI PEUT RESSEMBLER TON FRÈRE OU TA SOEUR ?

ON SE LE DEMANDE !!

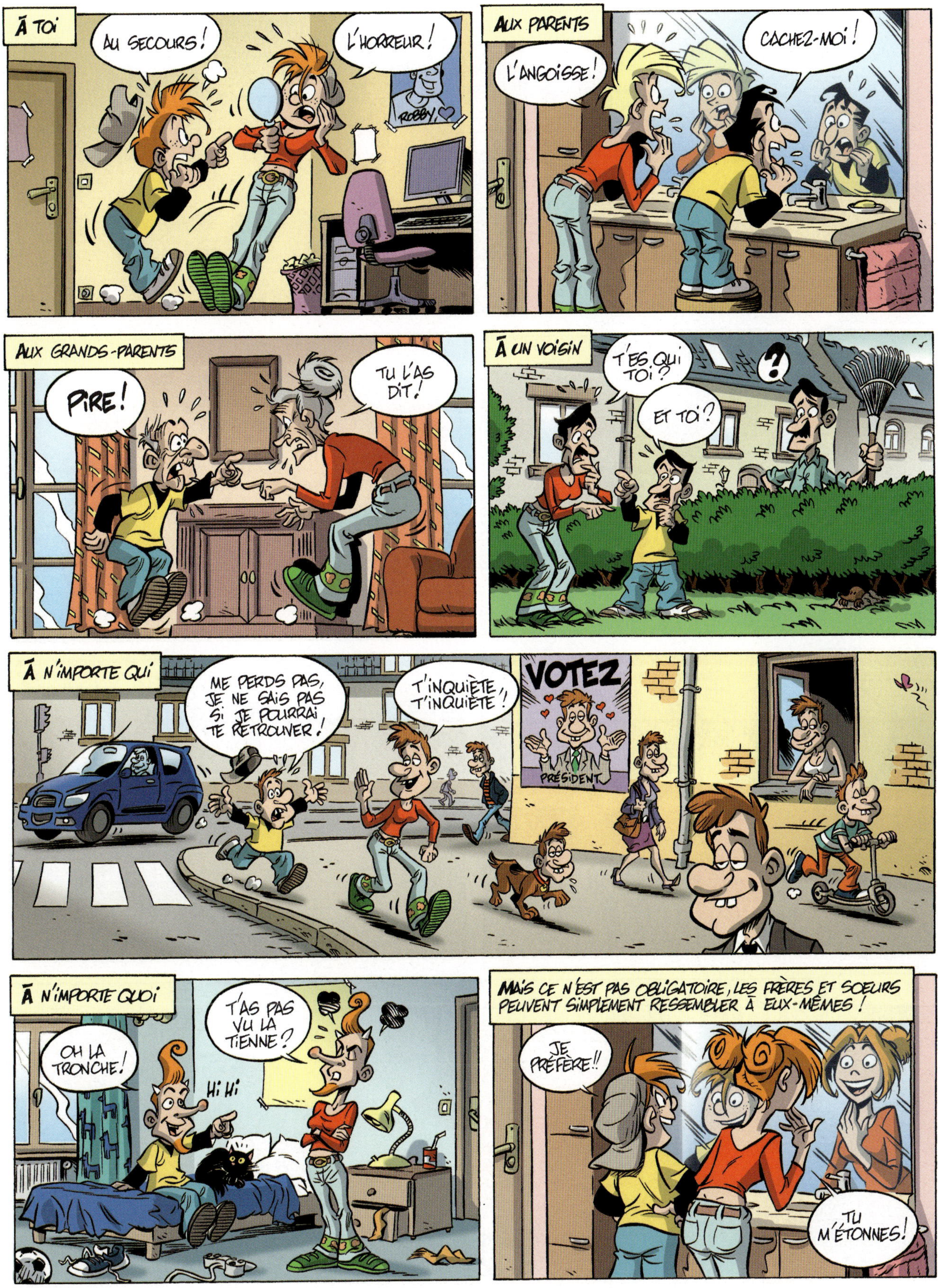

À TOI
AU SECOURS !
L'HORREUR !
ROBBY
AUX PARENTS
L'ANGOISSE !
CACHEZ-MOI !
AUX GRANDS-PARENTS
PIRE !
TU L'AS DIT !
À UN VOISIN
T'ES QUI TOI ?
ET TOI ?
À N'IMPORTE QUI
ME PERDS PAS, JE NE SAIS PAS SI JE POURRAI TE RETROUVER !
T'INQUIÈTE, T'INQUIÈTE !
VOTEZ
PRÉSIDENT
À N'IMPORTE QUOI
OH LA TRONCHE !
HI HI
T'AS PAS VU LA TIENNE ?
MAIS CE N'EST PAS OBLIGATOIRE, LES FRÈRES ET SOEURS PEUVENT SIMPLEMENT RESSEMBLER À EUX-MÊMES !
JE PRÉFÈRE !!
TU M'ÉTONNES !

LES DIFFÉRENTS TYPES DE FRÈRES ET SOEURS

Y'EN A POUR TOUS LES GOÛTS

LE PETIT
ALORS MINUS, ON FAIT MOINS LE MALIN, HEIN ?
LE GRAND
ALORS, MINUS, ON FAIT MOINS LE MALIN, HEIN ?
LE CURIEUX
NINOU
LE RIGOLO
PSHIII
GLPS
LE CAFTEUR
TU SAIS MAMAN, DANS LA RUE, J'AI VU NINOU QUI EMBRASSAIT UN GARÇON... SUR LA BOUCHE !...
QUOI ?
LE RÉPONSE-À-TOUT
ET TOI ? QU'EST-CE QUE TU FAISAIS DANS LA RUE TOUT SEUL À 8 HEURES DU SOIR ?
QUOI ?
LE FRIMEUR
EH OUI, MON POTE, J'AI EU 6 SUR 20 EN S.V.T. !
C'EST PAS À TOI QUE ÇA ARRIVERAIT, UN TRUC COMME ÇA !
SVT
6/20
L'AFFECTUEUX
FÉLICITATIONS MA PETITE SOEUR CHÉRIE !
ARRRG
BIZ
SVT
6/20

LES DIFFÉRENTS TYPES DE FRÈRES ET SOEURS

Y'EN A DE TOUTES LES COULEURS

L'AVENTURIER
MAIS NON, ÇA RISQUE RIEN...
NINOU AIE UNE DAIBILE
PASSE-MOI UNE AUTRE CHAISE !
L'INTELLO
AAAARGH ! C'EST HORRIBLE !
OUPS... J'EFFACE ÇA TOUT DE SUITE !
DAIB
NON, JE PARLE DES FAUTES D'ORTHOGRAPHE, C'EST INSUPPORTABLE !
LE DÉBILE
CAMEMBERT, CHOCOLAT, CHOUCROUTE, SALADE, SIROP DE MENTHE ET KETCHUP, JE TE CONSEILLE, C'EST SUPER BON !
BEURK !
LE MAMAN-POULE
BURP ! EXCUSE-MOI ! UN PEU D'ACIDE GASTRIQUE DEVRAIT T'AIDER À DIGÉRER...
LE JALOUX
C'EST PAS JUSTE, IL A TROIS FRITES DE PLUS QUE MOI !
LE CRUEL
RECRACHE LES FRITES QUE TU M'AS VOLÉES !
HMPF HMPF
LE SUPER COOL...
ROBBY STAR
TU PEUX M'AIDER POUR MON DEVOIR DE MATHS ?
DONNE, JE VAIS TE LE FAIRE ! VA, REGARDER LA TÉLÉ PENDANT CE TEMPS-LÀ...
LE PLEURNICHARD
'FALLAIT PAS ME FAIRE CONFIANCE, TU SAIS BIEN QUE JE SUIS NULLE EN MATHS !
MATHS 0/20 NUL !
ROBBY STAR

AVOIR DES FRÈRES ET SOEURS : LES AVANTAGES

DES AVANTAGES ? HA HA HA, LAISSEZ-MOI RIRE !

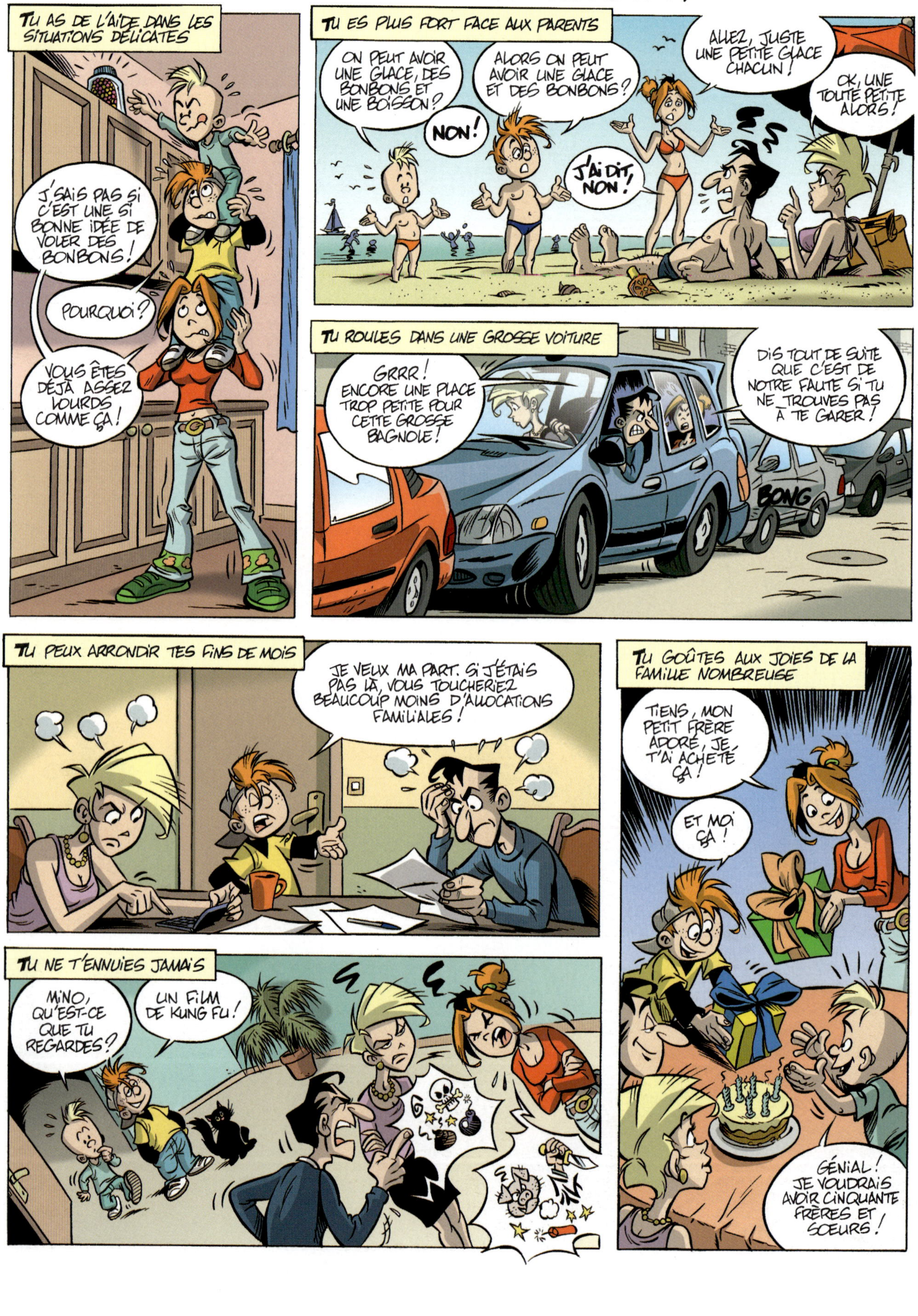
TU AS DE L'AIDE DANS LES SITUATIONS DÉLICATES
J'SAIS PAS SI C'EST UNE SI BONNE IDÉE DE VOLER DES BONBONS !
POURQUOI ?
VOUS ÊTES DÉJÀ ASSEZ LOURDS COMME ÇA !
TU ES PLUS FORT FACE AUX PARENTS
ON PEUT AVOIR UNE GLACE, DES BONBONS ET UNE BOISSON ?
NON !
ALORS ON PEUT AVOIR UNE GLACE ET DES BONBONS ?
J'AI DIT, NON !
ALLEZ, JUSTE UNE PETITE GLACE CHACUN !
OK, UNE TOUTE PETITE ALORS !
TU ROULES DANS UNE GROSSE VOITURE
GRRR ! ENCORE UNE PLACE TROP PETITE POUR CETTE GROSSE BAGNOLE !
DIS TOUT DE SUITE QUE C'EST DE NOTRE FAUTE SI TU NE TROUVES PAS À TE GARER !
BONG
TU PEUX ARRONDIR TES FINS DE MOIS
JE VEUX MA PART. SI J'ÉTAIS PAS LÀ, VOUS TOUCHERIEZ BEAUCOUP MOINS D'ALLOCATIONS FAMILIALES !
TU GOÛTES AUX JOIES DE LA FAMILLE NOMBREUSE
TIENS, MON PETIT FRÈRE ADORÉ, JE T'AI ACHETÉ ÇA !
ET MOI ÇA !
GÉNIAL ! JE VOUDRAIS AVOIR CINQUANTE FRÈRES ET SOEURS !
TU NE T'ENNUIES JAMAIS
MINO, QU'EST-CE QUE TU REGARDES ?
UN FILM DE KUNG FU !

AVOIR DES FRÈRES ET SŒURS : LES INCONVÉNIENTS

PAROLE DE SPÉCIALISTE

TU N'AS PAS TA MAMAN POUR TOI TOUT SEUL
MAMAN A DIT QUE J'ÉTAIS SA FILLE PRÉFÉRÉE !
WAH, L'AUTRE !
C'EST NORMAL, T'ES LA SEULE FILLE DE LA FAMILLE !
TU DOIS PARTAGER LES BONNES CHOSES
DÉSOLÉ, JE NE SAIS PAS COUPER EN TROIS...
JE COUPE EN DEUX, JE PRENDS UNE MOITIÉ ET VOUS VOUS PARTAGEZ L'AUTRE, D'ACCORD ?
TU RÉCUPÈRES LES HABITS DES AÎNÉS
C'EST PAS JUSTE ! SI MOI JE DOIS PORTER LES PULLS DE NINOU, ELLE, ELLE DOIT METTRE MES JEANS !
GLPS !
Rebelle
TU ES PUNI POUR LES BÊTISES DES PLUS PETITS
MINO, ICI, TOUT DE SUITE !
C'EST PAS MOI, C'EST LOULOU QUI A JOUÉ AVEC LA COLLE !...
HI HI AH AH
OUI MAIS C'EST TOI QUI AS LAISSÉ TRAÎNER LE TUBE !
TU NE PEUX PAS FAIRE CE QUE TU VEUX
JE VEUX JOUER À DESTROY COMMANDER !
NON, À MÉGA SPEED CARS !
ON AVAIT DIT QU'ON JOUERAIT À SUPER NARIO !
TU AS MOINS D'ARGENT DE POCHE
MINO ET LOULOU M'ONT DIT QU'ILS NE VOULAIENT PAS D'ARGENT DE POCHE CETTE SEMAINE...
AH BON ?
DONNE-MOI LEUR PART, JE SAURAI QUOI EN FAIRE...

LE VOCABULAIRE DES FRÈRES ET SOEURS

TOUJOURS LA MÊME RENGAINE !

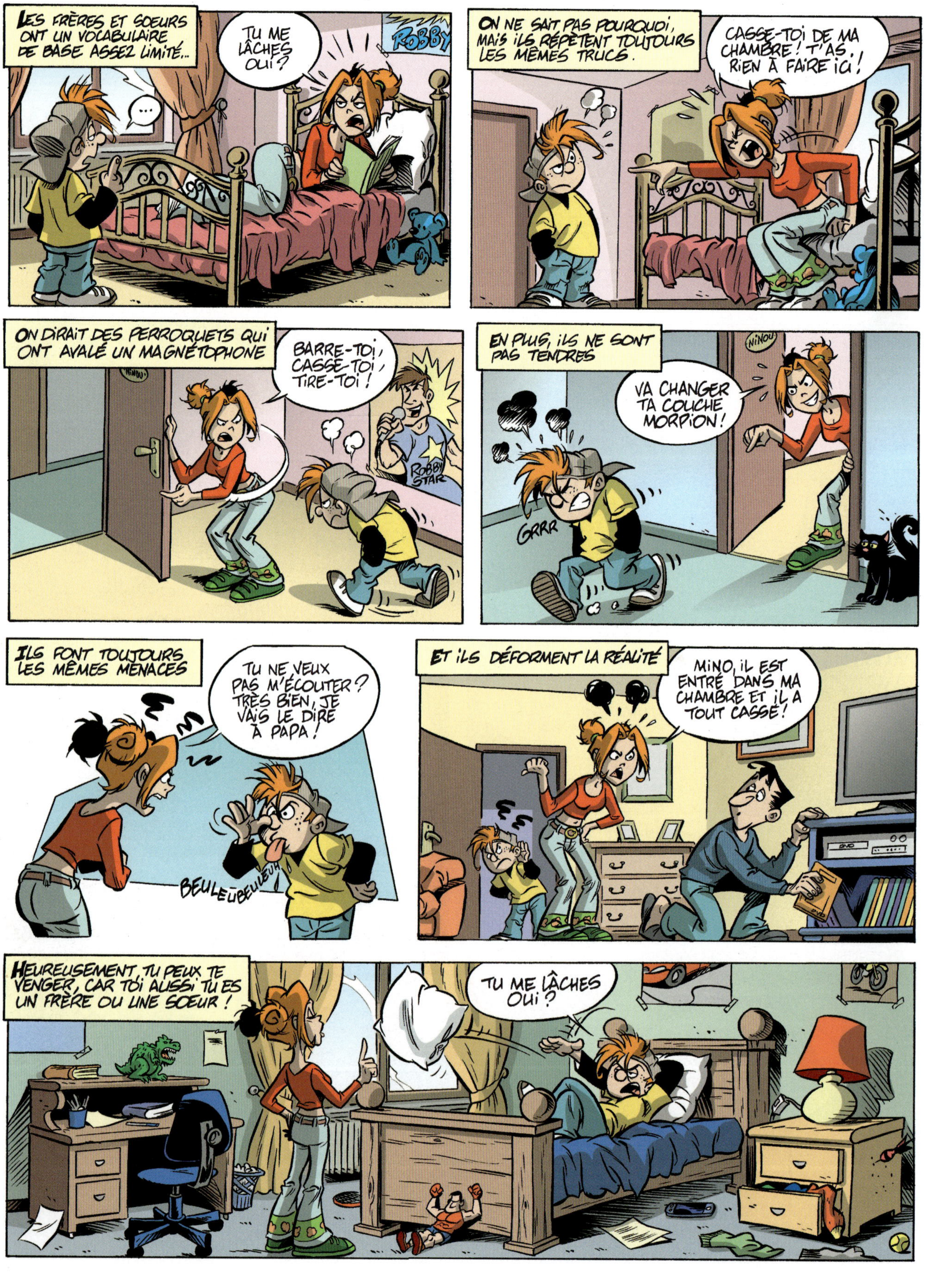
LES FRÈRES ET SOEURS ONT UN VOCABULAIRE DE BASE ASSEZ LIMITÉ...
...
TU ME LÂCHES OUI ?
ROBBY
ON NE SAIT PAS POURQUOI, MAIS ILS RÉPÈTENT TOUJOURS LES MÊMES TRUCS.
CASSE-TOI DE MA CHAMBRE ! T'AS RIEN À FAIRE ICI !
ON DIRAIT DES PERROQUETS QUI ONT AVALÉ UN MAGNÉTOPHONE
BARRE-TOI, CASSE-TOI, TIRE-TOI !
ROBBY STAR
EN PLUS, ILS NE SONT PAS TENDRES
NINOU
VA CHANGER TA COUCHE MORPION !
GRRR
ILS FONT TOUJOURS LES MÊMES MENACES
TU NE VEUX PAS M'ÉCOUTER ? TRÈS BIEN, JE VAIS LE DIRE À PAPA !
BEULEUBEULEU
ET ILS DÉFORMENT LA RÉALITÉ
MINO, IL EST ENTRÉ DANS MA CHAMBRE ET IL A TOUT CASSÉ !
DVD
HEUREUSEMENT, TU PEUX TE VENGER, CAR TOI AUSSI TU ES UN FRÈRE OU UNE SOEUR !
TU ME LÂCHES OUI ?

LA CHAMBRE DES FRÈRES ET SOEURS

ENTRÉE INTERDITE !

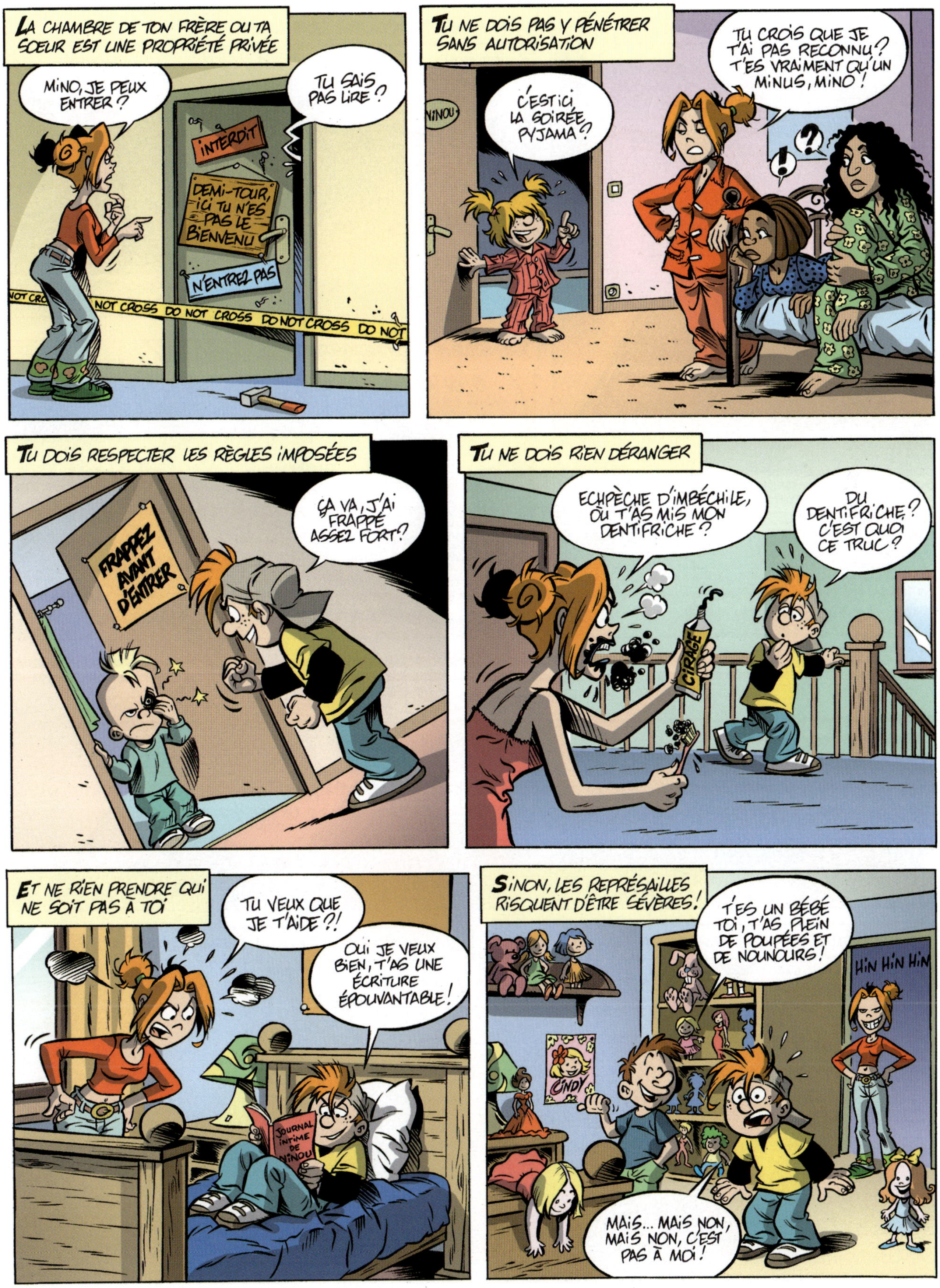
LA CHAMBRE DE TON FRÈRE OU TA SOEUR EST UNE PROPRIÉTÉ PRIVÉE
MINO, JE PEUX ENTRER ?
TU SAIS PAS LIRE ?
INTERDIT
DEMI-TOUR, ICI TU N'ES PAS LE BIENVENU
N'ENTREZ PAS
DO NOT CROSS DO NOT CROSS DO NOT CROSS DO NOT
TU NE DOIS PAS Y PÉNÉTRER SANS AUTORISATION
NINOU
C'EST ICI LA SOIRÉE PYJAMA ?
TU CROIS QUE JE T'AI PAS RECONNU ? T'ES VRAIMENT QU'UN MINUS, MINO !
TU DOIS RESPECTER LES RÈGLES IMPOSÉES
FRAPPEZ AVANT D'ENTRER
ÇA VA, J'AI FRAPPÉ ASSEZ FORT ?
TU NE DOIS RIEN DÉRANGER
ECHPÈCHE D'IMBÉCHILE, OÙ T'AS MIS MON DENTIFRICHE ?
CIRAGE
DU DENTIFRICHE ? C'EST QUOI CE TRUC ?
ET NE RIEN PRENDRE QUI NE SOIT PAS À TOI
TU VEUX QUE JE T'AIDE ?!
JOURNAL INTIME DE NINOU
OUI JE VEUX BIEN, T'AS UNE ÉCRITURE ÉPOUVANTABLE !
SINON, LES REPRÉSAILLES RISQUENT D'ÊTRE SÉVÈRES !
T'ES UN BÉBÉ TOI, T'AS PLEIN DE POUPÉES ET DE NOUNOURS !
HIN HIN HIN
CINDY
MAIS... MAIS NON, MAIS NON, C'EST PAS À MOI !

LES DÉFAUTS DES FRÈRES ET SOEURS

iLS EN ONT DES CAISSES !

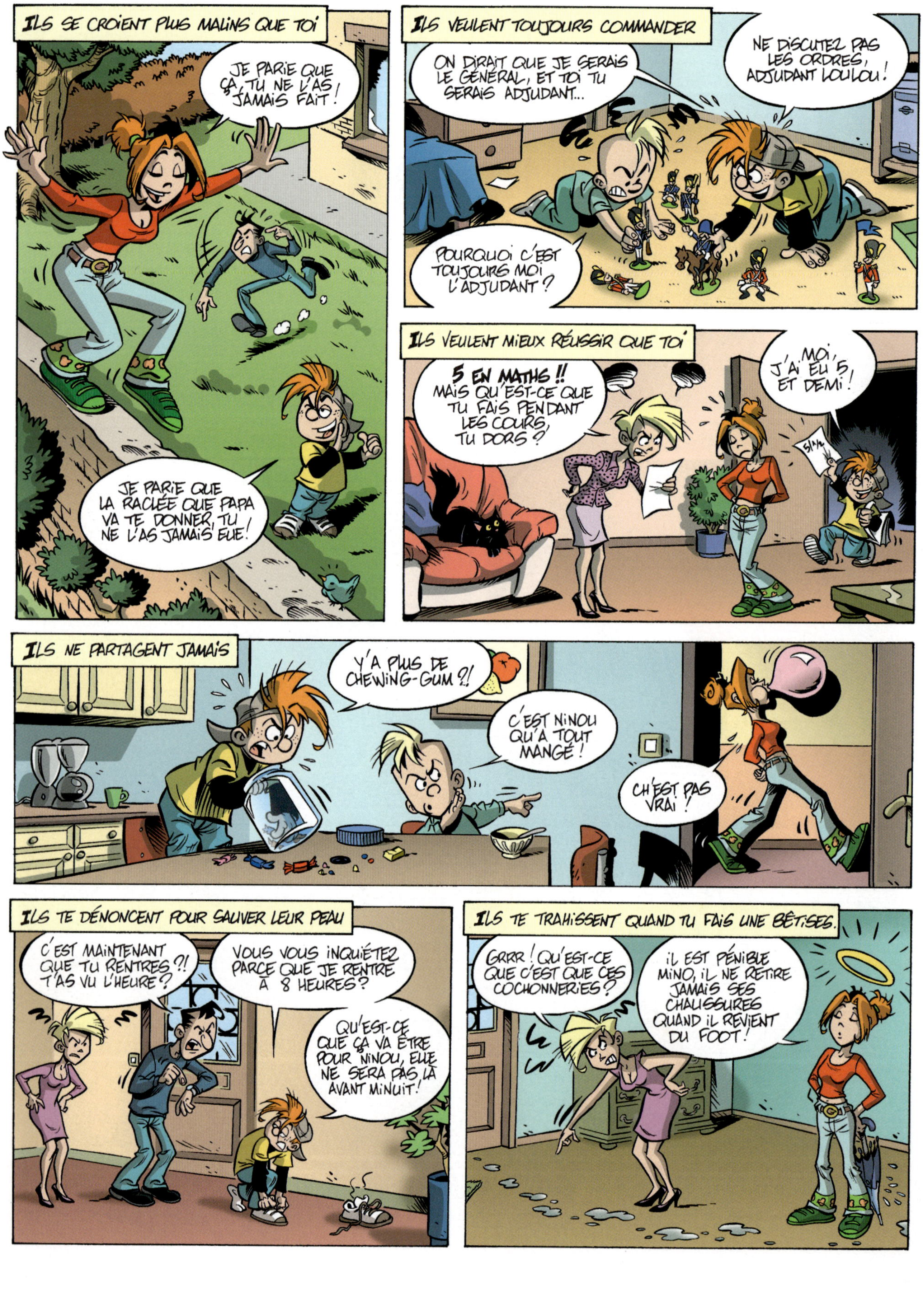

ILS SE CROIENT PLUS MALINS QUE TOI
JE PARIE QUE ÇA, TU NE L'AS JAMAIS FAIT !
JE PARIE QUE LA RACLÉE QUE PAPA VA TE DONNER, TU NE L'AS JAMAIS EUE !
ILS VEULENT TOUJOURS COMMANDER
ON DIRAIT QUE JE SERAIS LE GÉNÉRAL, ET TOI TU SERAIS ADJUDANT...
NE DISCUTEZ PAS LES ORDRES, ADJUDANT LOULOU !
POURQUOI C'EST TOUJOURS MOI L'ADJUDANT ?
ILS VEULENT MIEUX RÉUSSIR QUE TOI
5 EN MATHS !! MAIS QU'EST-CE QUE TU FAIS PENDANT LES COURS, TU DORS ?
MOI, J'AI EU 5 ET DEMI !
ILS NE PARTAGENT JAMAIS
Y'A PLUS DE CHEWING-GUM ?!
C'EST NINOU QU'A TOUT MANGÉ !
CH'EST PAS VRAI !
ILS TE DÉNONCENT POUR SAUVER LEUR PEAU
C'EST MAINTENANT QUE TU RENTRES ?! T'AS VU L'HEURE ?
VOUS VOUS INQUIÉTEZ PARCE QUE JE RENTRE À 8 HEURES ?
QU'EST-CE QUE ÇA VA ÊTRE POUR NINOU, ELLE NE SERA PAS LÀ AVANT MINUIT !
ILS TE TRAHISSENT QUAND TU FAIS UNE BÊTISES.
GRRR ! QU'EST-CE QUE C'EST QUE CES COCHONNERIES ?
IL EST PÉNIBLE MINO, IL NE RETIRE JAMAIS SES CHAUSSURES QUAND IL REVIENT DU FOOT !

LES QUALITÉS DES FRÈRES ET SOEURS

SI, SI, ILS EN ONT !

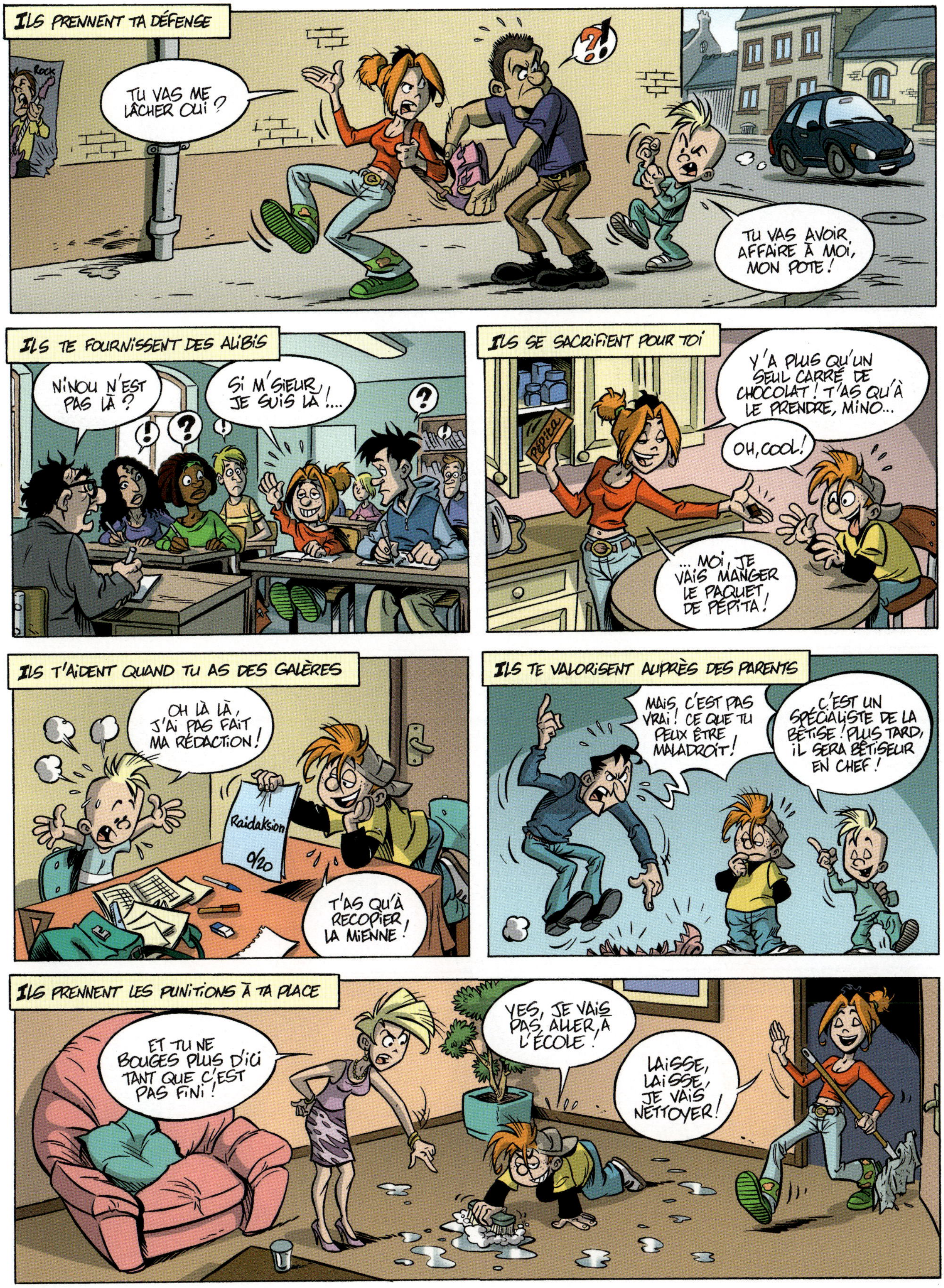
ILS PRENNENT TA DÉFENSE
TU VAS ME LÂCHER OUI ?
?!
TU VAS AVOIR AFFAIRE À MOI, MON POTE !
ILS TE FOURNISSENT DES ALIBIS
NINOU N'EST PAS LÀ ?
SI M'SIEUR, JE SUIS LÀ !...
ILS SE SACRIFIENT POUR TOI
Y'A PLUS QU'UN SEUL CARRÉ DE CHOCOLAT ! T'AS QU'À LE PRENDRE, MINO...
OH, COOL !
... MOI, JE VAIS MANGER LE PAQUET DE PÉPITA !
PÉPITA
ILS T'AIDENT QUAND TU AS DES GALÈRES
OH LÀ LÀ, J'AI PAS FAIT MA RÉDACTION !
Raidaksion
0/20
T'AS QU'À RECOPIER LA MIENNE !
ILS TE VALORISENT AUPRÈS DES PARENTS
MAIS, C'EST PAS VRAI ! CE QUE TU PEUX ÊTRE MALADROIT !
C'EST UN SPÉCIALISTE DE LA BÊTISE ! PLUS TARD, IL SERA BÊTISEUR EN CHEF !
ILS PRENNENT LES PUNITIONS À TA PLACE
ET TU NE BOUGES PLUS D'ICI TANT QUE C'EST PAS FINI !
YES, JE VAIS PAS ALLER À L'ÉCOLE !
LAISSE, LAISSE, JE VAIS NETTOYER !

COMMENT APPELER SON FRÈRE OU SA SOEUR ?

AU PIED !

SI TU VEUX TE FAIRE PARDONNER
C'EST TOI QUI AS LAVÉ MON T-SHIRT ?
PAS DU TOUT MA PETITE SOEURETTE ADORÉE QUE J'AIME...
SI TU AS QUELQUE CHOSE À LUI REPROCHER
AÏOU ! SPÈCE BE BALADROITE...
ARTICULE QUAND TU PARLES, ON DIRAIT QUE T'AS AVALÉ UN HÉRISSON !
SI TU VEUX ÊTRE GENTIL
JE T'AIME MA NINOUTE !
MOI AUSSI MON MINONOUNET !
BOUHHH ILS SONT TROP MIGNONS !
POURQUOI T'ES TRISTE MAMAN ?
SI TU AS DES TROUS DE MÉMOIRE
PIOU PIOU
TCHAK
PAPA ! Y'A Nº1 ET Nº2 QUI VEULENT PAS JOUER AVEC MOI !
TOI, TU NE MANGES PAS ASSEZ DE POISSON !
SI TU VEUX MARQUER TA DIFFÉRENCE D'ÂGE
TU VAS OÙ LA VIEILLE ?
DANS UN ENDROIT INTERDIT AUX MICROBES !
SI TU NE VEUX PAS ÊTRE COMPRIS
J'AI DEMANDÉ À XZYLGORMIKWNUG ET IL EST D'ACCORD...
CHÉRI ! NINOU A DES PROBLÈMES D'ARTICULATION !
SI TU VEUX GARDER TES DISTANCES
TU PEUX ME PASSER LA TÉLÉCOMMANDE MADEMOISELLE ?
LA VOICI MONSIEUR !
MAMAN, MINO ET NINOU Y S'LA PÈTENT !

COMMENT DISTINGUER UN FRÈRE D'UNE SOEUR ?

DES PETITS DÉTAILS QUI FONT LA DIFFÉRENCE...

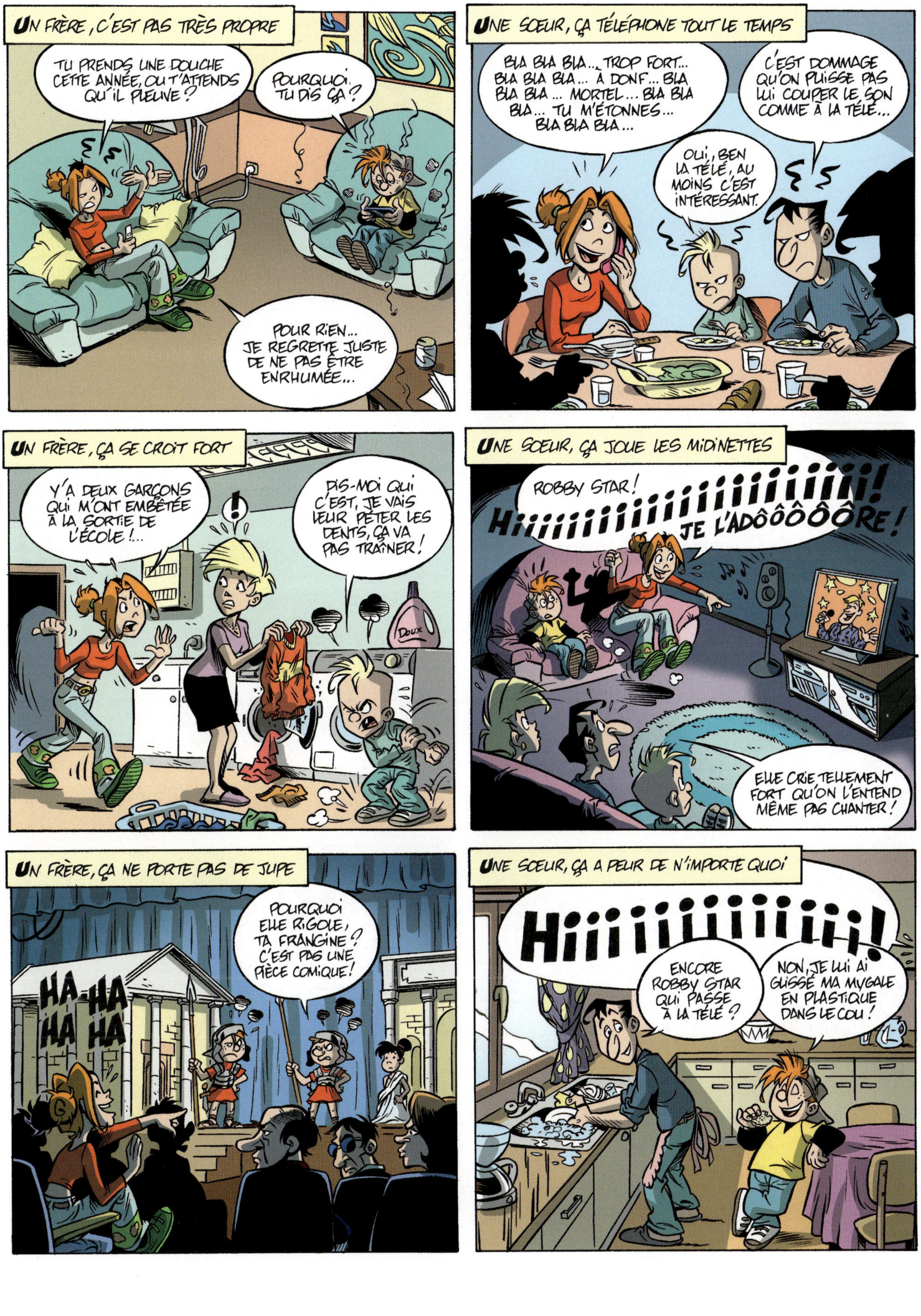
UN FRÈRE, C'EST PAS TRÈS PROPRE
TU PRENDS UNE DOUCHE CETTE ANNÉE, OU T'ATTENDS QU'IL PLEUVE ?
POURQUOI TU DIS ÇA ?
POUR RIEN... JE REGRETTE JUSTE DE NE PAS ÊTRE ENRHUMÉE...
UNE SOEUR, ÇA TÉLÉPHONE TOUT LE TEMPS
BLA BLA BLA... TROP FORT... BLA BLA BLA... À DONF... BLA BLA BLA... MORTEL... BLA BLA BLA... TU M'ÉTONNES... BLA BLA BLA...
C'EST DOMMAGE QU'ON PUISSE PAS LUI COUPER LE SON COMME À LA TÉLÉ...
OUI, BEN LA TÉLÉ, AU MOINS C'EST INTÉRESSANT.
UN FRÈRE, ÇA SE CROIT FORT
Y'A DEUX GARÇONS QUI M'ONT EMBÊTÉE À LA SORTIE DE L'ÉCOLE !...
DIS-MOI QUI C'EST, JE VAIS LEUR PÉTER LES DENTS, ÇA VA PAS TRAÎNER !
DOUX
UNE SOEUR, ÇA JOUE LES MIDINETTES
ROBBY STAR ! HIIIIIIIIIIIIIIIIIIIIIII ! JE L'ADÔÔÔÔÔRE !
ELLE CRIE TELLEMENT FORT QU'ON L'ENTEND MÊME PAS CHANTER !
UN FRÈRE, ÇA NE PORTE PAS DE JUPE
POURQUOI ELLE RIGOLE, TA FRANGINE ? C'EST PAS UNE PIÈCE COMIQUE !
HA HA HA HA
UNE SOEUR, ÇA A PEUR DE N'IMPORTE QUOI
HIIIIIIIIIIIII !
ENCORE ROBBY STAR QUI PASSE À LA TÉLÉ ?
NON, JE LUI AI GLISSÉ MA MYGALE EN PLASTIQUE DANS LE COU !

QUEL EST TON FRÈRE OU TA SOEUR IDÉAL(E) ?

C'EST FACILE À IDENTIFIER !

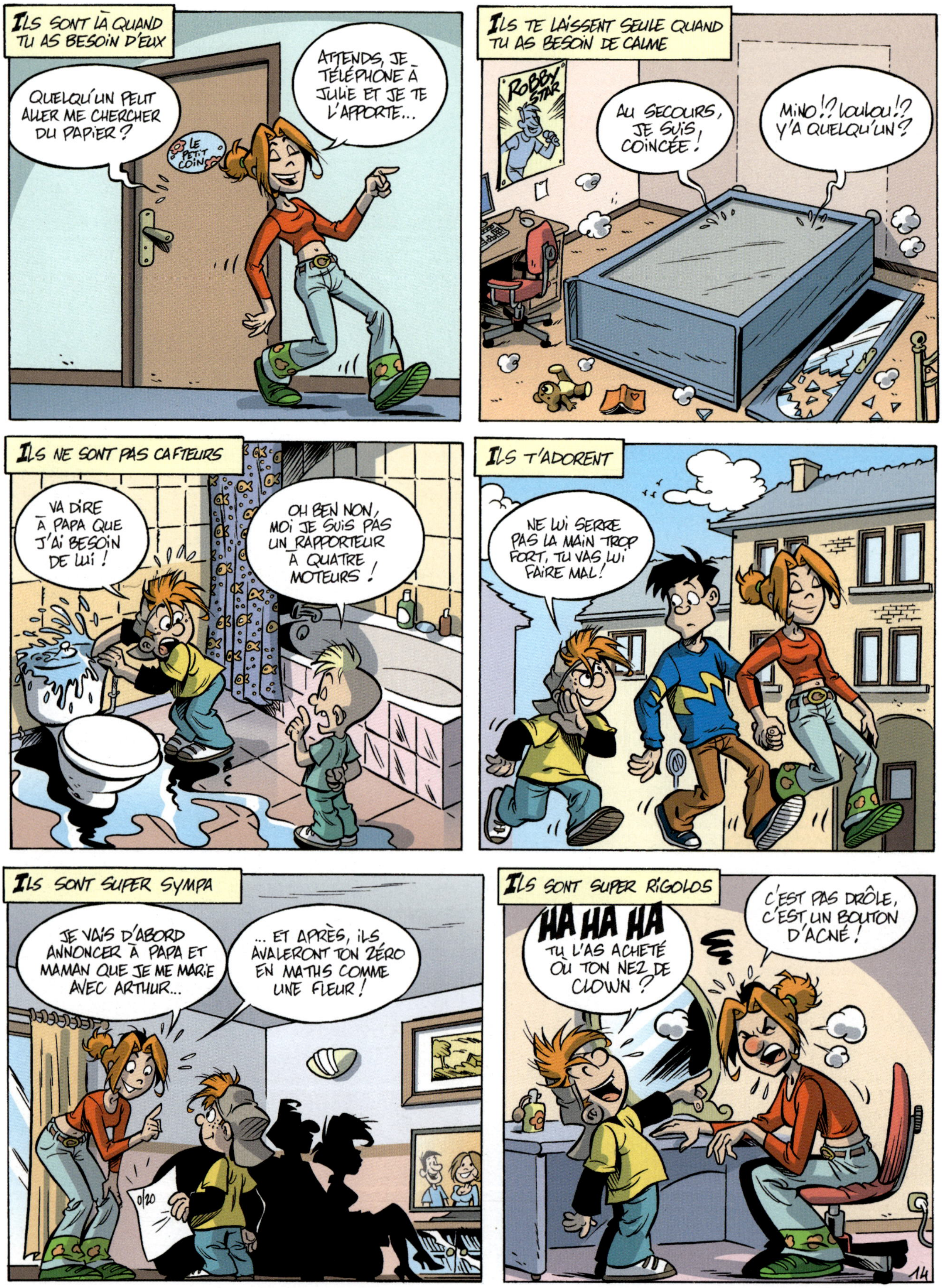
ILS SONT LÀ QUAND TU AS BESOIN D'EUX
QUELQU'UN PEUT ALLER ME CHERCHER DU PAPIER ?
LE PETIT COIN
ATTENDS, JE TÉLÉPHONE À JULIE ET JE TE L'APPORTE...
ILS TE LAISSENT SEULE QUAND TU AS BESOIN DE CALME
ROBBY STAR
AU SECOURS, JE SUIS COINCÉE !
MINO !? LOULOU !? Y'A QUELQU'UN ?
ILS NE SONT PAS CAFTEURS
VA DIRE À PAPA QUE J'AI BESOIN DE LUI !
OH BEN NON, MOI JE SUIS PAS UN RAPPORTEUR À QUATRE MOTEURS !
ILS T'ADORENT
NE LUI SERRE PAS LA MAIN TROP FORT, TU VAS LUI FAIRE MAL !
ILS SONT SUPER SYMPA
JE VAIS D'ABORD ANNONCER À PAPA ET MAMAN QUE JE ME MARIE AVEC ARTHUR...
... ET APRÈS, ILS AVALERONT TON ZÉRO EN MATHS COMME UNE FLEUR !
0/20
ILS SONT SUPER RIGOLOS
HA HA HA
TU L'AS ACHETÉ OÙ TON NEZ DE CLOWN ?
C'EST PAS DRÔLE, C'EST UN BOUTON D'ACNÉ !

AVOIR UN FRÈRE OU UNE SOEUR PLUS GRAND ?

EST-CE QUE C'EST COOL ?

LE PLUS GRAND PEUT TE DÉFENDRE
JE LEUR AI DIT QUE S'ILS NE ME RENDAIENT PAS MES MAGIC CARDS, TU LEUR CASSERAIS LA FIGURE !
TU PRÉFÈRES PAS QUE JE T'ACHÈTE D'AUTRES CARTES ?
LE PLUS GRAND PEUT TE CONSEILLER
SI TU SÈCHES LE COURS DE GYM, LE PROF TÉLÉPHONERA À PAPA...
IL VAUT MIEUX SÉCHER LES MATHS, LE PROF S'EN APERCEVRA PAS...
LE PLUS GRAND PEUT JOUER AVEC TOI
BZIOUUU
T'AS CASSÉ MON VAISSEAU SPATIAL !
C'EST PAS MOI, C'EST L'ARMÉE DE L'EMPIRE !
LE PLUS GRAND PEUT TE SERVIR D'ALIBI
C'EST À CETTE HEURE-CI QUE TU RENTRES, MINO ?
C'EST PAS SA FAUTE, IL EST VENU M'AIDER À LA BIBLIOTHÈQUE.
OK NINOU, JE DÉPOSE LA PLAQUE DE CHOCOLAT DEVANT LA PORTE DE TA CHAMBRE.
LE PLUS GRAND A PLUS D'EXPÉRIENCE
DIS À PAPA QUE L'ÉCOLE A PRIS FEU ET QUE TOUS LES BULLETINS ONT ÉTÉ DÉTRUITS ! JE LUI AVAIS DIT ÇA QUAND J'ÉTAIS EN SIXIÈME.
IL L'A CRU ?
ÉCOLE JULES FERRY
NON...
LE PLUS GRAND PEUT FAIRE PASSER TES MESSAGES
SI VOUS VOULEZ FAIRE UNE SUPER SURPRISE À MINO POUR NOËL, OFFREZ-LUI LA NOUVELLE X BOX 3360...
AVEC UN DISQUE DUR DE 200 GIGAS !...
... AVEC UN DISQUE DUR SANS GIGAS !
NON, NON... 200 GIGAS !...
EUH NON, DEUX DISQUES DURS SANS GIGAS !

LA FAMILLE RECOMPOSÉE

UN MAX DE FRÈRES ET SOEURS.

SI TES PARENTS DIVORCENT, TU TE RETROUVES AVEC TOUT EN DOUBLE
J'AI DEUX CHAMBRES, DEUX ANNIVERSAIRES, DEUX NOËLS, DEUX ARGENTS DE POCHE...
C'EST GÉNIAL NON ?
T'AS AUSSI LE DOUBLE DE PUNITIONS ?
ET SI TON PÈRE OU TA MÈRE REFAIT SA VIE AVEC UN AUTRE PAPA OU UNE AUTRE MAMAN...
JE TE PRÉSENTE TA BELLE-MÈRE...
BELLE, BELLE, T'ES PAS DIFFICILE !
...TU RÉCUPÈRES DE NOUVEAUX FRÈRES ET SOEURS !
ON NE RENTRERA JAMAIS TOUS, PAPA, IL FAUT QUE TU CHANGES DE VOITURE !
J'AI PLUS DE SOUS ! TOUT LE MONDE À VÉLO !
ON LES APPELLE DES DEMI-FRÈRES OU DEMI-SOEURS
C'EST PEUT-ÊTRE DES DEMI-FRÈRES, MAIS ILS MANGENT COMME QUATRE !
SCRONTCH
MIAM
MIAM
SCRUNTCH
MIAM
SCROTCH
BIEN SÛR, SI TON PÈRE ET TA MÈRE SE REMARIENT, ÇA AUGMENTE LA FAMILLE
À DROITE, MES FRÈRES ET SOEURS, AU CENTRE, MES FRÈRES ET SOEURS DU CÔTÉ DE MA BELLE-MÈRE, À GAUCHE, CEUX DU CÔTÉ DE MON BEAU-PÈRE...
VOUS AVEZ COMBIEN DE MANETTES POUR LA CONSOLE ?
ÇA PEUT MÊME SE MULTIPLIER À L'INFINI
... LES ENFANTS DU NOUVEAU MARI DE MA MÈRE CEUX DE L'ANCIENNE FEMME DU NOUVEAU MARI DE MA MÈRE, CEUX DE L'EX-MARI DE L'ANCIENNE FEMME DU NOUVEAU MARI DE MA MÈRE, CEUX DE...
ZZZ
ZZZ

CE QU'IL NE FAUT PAS DIRE À SON FRÈRE OU À SA SOEUR !

Si tu veux éviter les ennuis...

OH LÀ LÀ, QU'EST-CE QUE TU ES BEAU !
NE DIS PAS ÇA, IL VA SE PRENDRE POUR UNE STAR...
MAIS NON, PAS COMME ÇA !
QU'EST-CE QUE TU PEUX ÊTRE BÊTE ALORS !
ATTENTION, LA VÉRITÉ N'EST JAMAIS AGRÉABLE À ENTENDRE.
WAOH, T'ES VACHEMENT INTELLIGENTE TOI !
NINOU
3/20
KRRKRH
NE SOIS PAS TROP LÈCHE-BOTTES, ELLE VA SE DOUTER QUE C'EST TOI QUI AS BOUSILLÉ SON PORTABLE.
TU T'ES ENCORE TROMPÉ MON POTE !
LE PAUVRE, IL PRÉFÈRE RESTER DANS L'IGNORANCE.
PAPA M'A DIT QU'IL ALLAIT M'ACHETER LA NOUVELLE X PLAY, 560 ! ET PAS À TOI !
!
STAR
ELLE VA ÊTRE JALOUSE ET RISQUE DE FAIRE CHANGER D'AVIS TON PÈRE.
TU PUES ! ÇA FAIT COMBIEN DE TEMPS QUE TU T'ES PAS LAVÉ ?
MÉFIE-TOI, S'IL CHANGE D'ODEUR, TU NE VAS PLUS LE RECONNAÎTRE.
TU NE DIRAS RIEN À MAMAN, HEIN ?
NE MONTRE PAS TON INQUIÉTUDE, IL VA S'EN SERVIR POUR TE FAIRE CHANTER.

QU'ÉPROUVES-TU POUR TES FRÈRES ET SOEURS ?

TOUTES SORTES DE CHOSES !

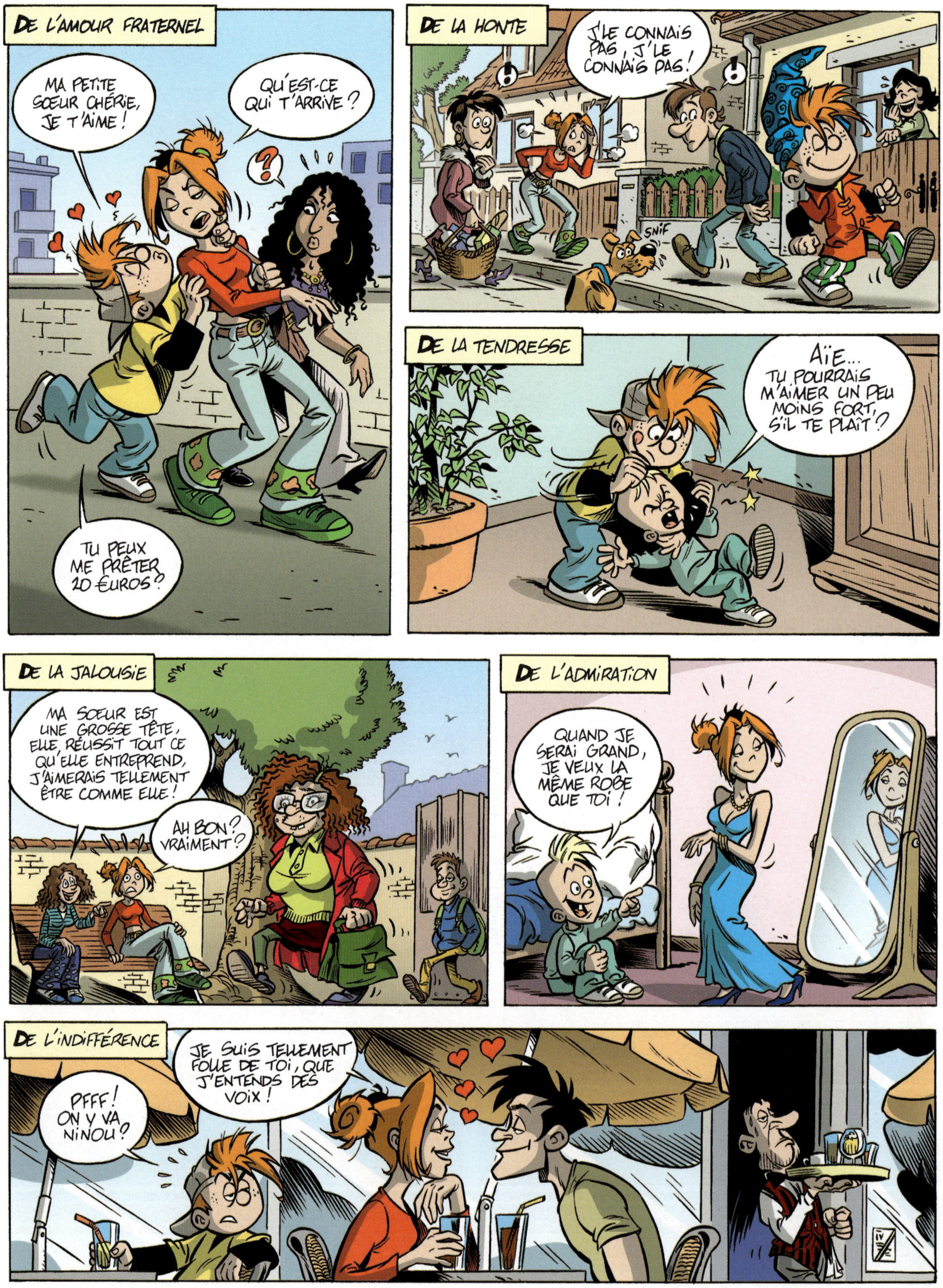
DE L'AMOUR FRATERNEL
MA PETITE SOEUR CHÉRIE, JE T'AIME !
QU'EST-CE QUI T'ARRIVE ?
?
TU PEUX ME PRÊTER 20 EUROS ?
DE LA HONTE
J'LE CONNAIS PAS, J'LE CONNAIS PAS !
!
!
SNIF
DE LA TENDRESSE
AÏE... TU POURRAIS M'AIMER UN PEU MOINS FORT, S'IL TE PLAÎT ?
DE LA JALOUSIE
MA SOEUR EST UNE GROSSE TÊTE, ELLE RÉUSSIT TOUT CE QU'ELLE ENTREPREND, J'AIMERAIS TELLEMENT ÊTRE COMME ELLE !
AH BON ? VRAIMENT ?
DE L'ADMIRATION
QUAND JE SERAI GRAND, JE VEUX LA MÊME ROBE QUE TOI !
DE L'INDIFFÉRENCE
PFFF ! ON Y VA NINOU ?
JE SUIS TELLEMENT FOLLE DE TOI, QUE J'ENTENDS DES VOIX !

PEUX-TU PRENDRE LES AFFAIRES DE TES FRÈRES ET SOEURS ?

ILS NE SONT PAS TOUJOURS D'ACCORD...

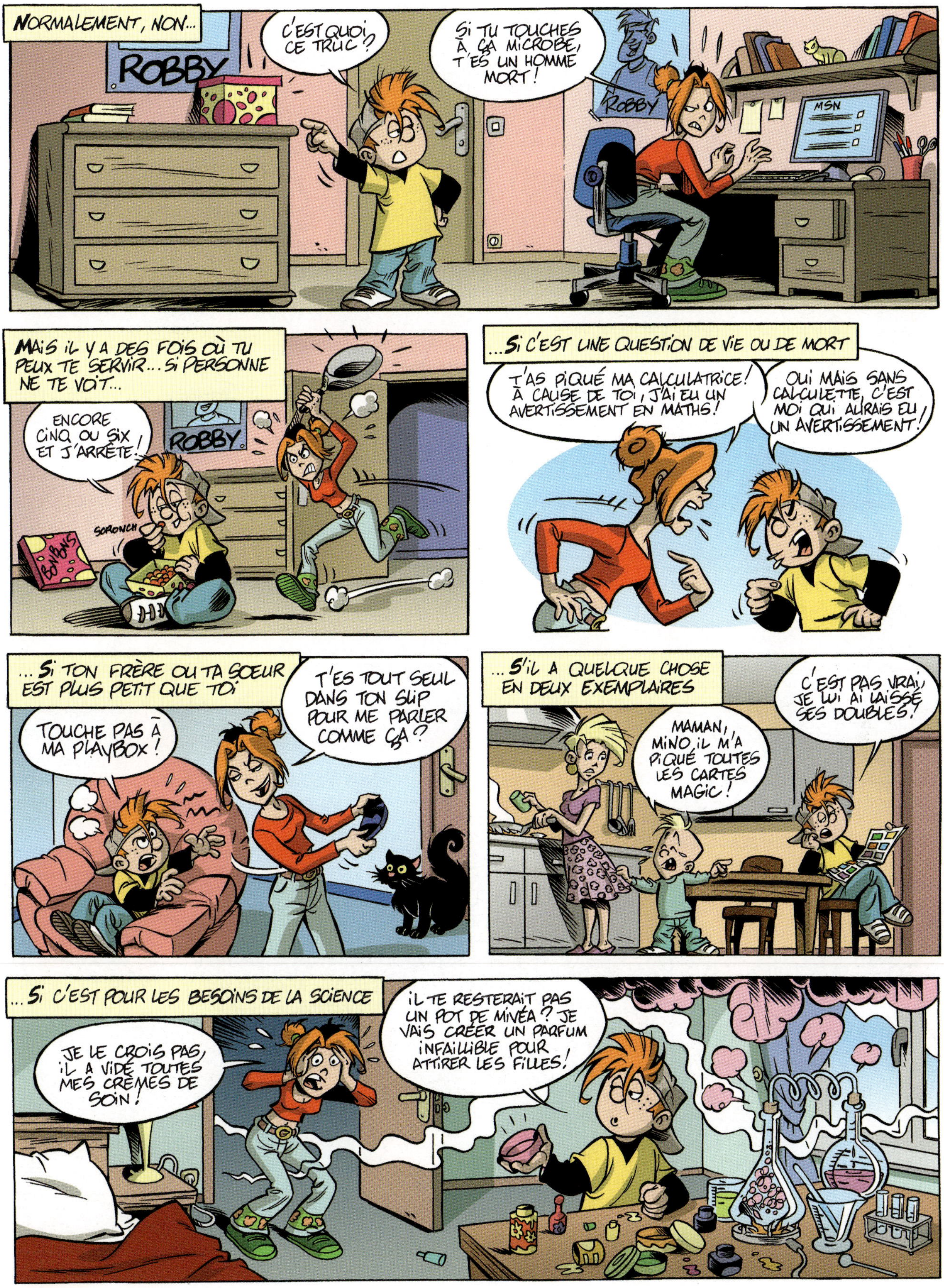
NORMALEMENT, NON...
ROBBY
C'EST QUOI, CE TRUC ?
SI TU TOUCHES À ÇA MICROBE, T'ES UN HOMME MORT !
ROBBY
MSN
MAIS IL Y A DES FOIS OÙ TU PEUX TE SERVIR... SI PERSONNE NE TE VOIT...
ENCORE CINQ OU SIX ET J'ARRÊTE !
ROBBY
SCRONCH
BONBONS
...SI C'EST UNE QUESTION DE VIE OU DE MORT
T'AS PIQUÉ MA CALCULATRICE ! À CAUSE DE TOI, J'AI EU UN AVERTISSEMENT EN MATHS !
OUI MAIS SANS CALCULETTE, C'EST MOI QUI AURAIS EU UN AVERTISSEMENT !
...SI TON FRÈRE OU TA SOEUR EST PLUS PETIT QUE TOI
TOUCHE PAS À MA PLAYBOX !
T'ES TOUT SEUL DANS TON SLIP POUR ME PARLER COMME ÇA ?
...S'IL A QUELQUE CHOSE EN DEUX EXEMPLAIRES
MAMAN, MINO, IL M'A PIQUÉ TOUTES LES CARTES MAGIC !
C'EST PAS VRAI, JE LUI AI LAISSÉ SES DOUBLES !
...SI C'EST POUR LES BESOINS DE LA SCIENCE
JE LE CROIS PAS, IL A VIDÉ TOUTES MES CRÈMES DE SOIN !
IL TE RESTERAIT PAS UN POT DE MIVÉA ? JE VAIS CRÉER UN PARFUM INFAILLIBLE POUR ATTIRER LES FILLES !

ET SI TU N'AS PAS DE FRÈRES OU DE SOEURS ?

COMMENT TU FAIS ?

TU PEUX EN DEMANDER, MAIS C'EST DÉLICAT
QU'EST-CE QUE TU VOUDRAIS POUR TON ANNIVERSAIRE ?
UNE POUPÉE VIVANTE DE 50 CM ET 3 KILOS QUI PLEURE LA NUIT ET QUI FAIT CACA DANS SES COUCHES !
TU PEUX EN INVENTER, MAIS C'EST BIZARRE
TU ME PASSES LA MANETTE, MAINTENANT, C'EST À MOI DE JOUER !
TU PEUX EN ADOPTER, MAIS C'EST DIFFICILE
J'AI FAIT UNE DEMANDE D'ADOPTION À VOS NOMS ET ILS N'Y ONT VU QUE DU FEU !
IL S'APPELLE TONJÉ, IL EST MIGNON, HEIN ?
GOUZI GOUZA
IL POURRA COUCHER DANS MA CHAMBRE ?
TU PEUX EN TROUVER, MAIS C'EST RARE
MAIS... COMMENT... TU... QU'EST-CE... QUOI... OH
TOI POUVOIR PARLER NORMALEMENT, MOI COMPRENDRE LE FRANÇAIS...
ET TOI APPORTER À MOI UNE BIÈRE !
TU PEUX EN FABRIQUER, MAIS C'EST COMPLIQUÉ
À L'ÉCOLE, C'EST TOUJOURS MOI LE PREMIER, DANS TOUTES LES MATIÈRES...
ATTENTION À TON NEZ, UN PIGEON VA SE POSER DESSUS...
TU PEUX T'EN PASSER ET PIS C'EST TOUT !
J'AI NI FRANGINS, NI FRANGINES, MAIS J'AI 3 CONSOLES, 2 TÉLÉS ET UN KILO DE BONBONS PAR SEMAINE !
ÇA ME DONNE ENVIE DE REVENDRE LOULOU ET NINOU...

COMMENT ÉNERVER UN PLUS GRAND QUE SOI ?

LES MÉTHODES QUI MARCHENT À TOUS LES COUPS

EN T'INCRUSTANT DANS SA BANDE
POURQUOI VOUS DITES QUE LES FILLES, ELLES SONT BÊTES ?
CHUT !
VA JOUER AILLEURS-TOI !
PÉNIBLE TON FRÈRE !
EN MANGEANT SES BONBONS PRÉFÉRÉS
T'AS TOUT BOUFFÉ, ET EN PLUS TU LES VOMIS ! QUEL GÂCHIS !
TU VEUX LES RÉCUPÉRER ? ILS NE SONT MÊME PAS MÂCHÉS !
EN NE LE LÂCHANT PAS D'UNE SEMELLE
CÂLIN, NINOU...
EN NE TRANSMETTANT PAS SES MESSAGES
C'EST TOI QUI AS EU LE MESSAGE DE JULIE ?
OUI, POURQUOI ?
T'AURAIS PU ME LE DIRE, QUE LE RENDEZ-VOUS ÉTAIT ANNULÉ !
EN NE TENANT PAS TA LANGUE
TU L'AS FAIT SIGNER À PAPA, LE DEVOIR OÙ TU AS EU ZÉRO ?
GLPS !
HEIN ? QU'EST-CE QUE TU DIS ?...

COMMENT EMBÊTER UN PLUS PETIT QUE SOI ?

D'AUTRES MÉTHODES QUI MARCHENT À TOUS LES COUPS

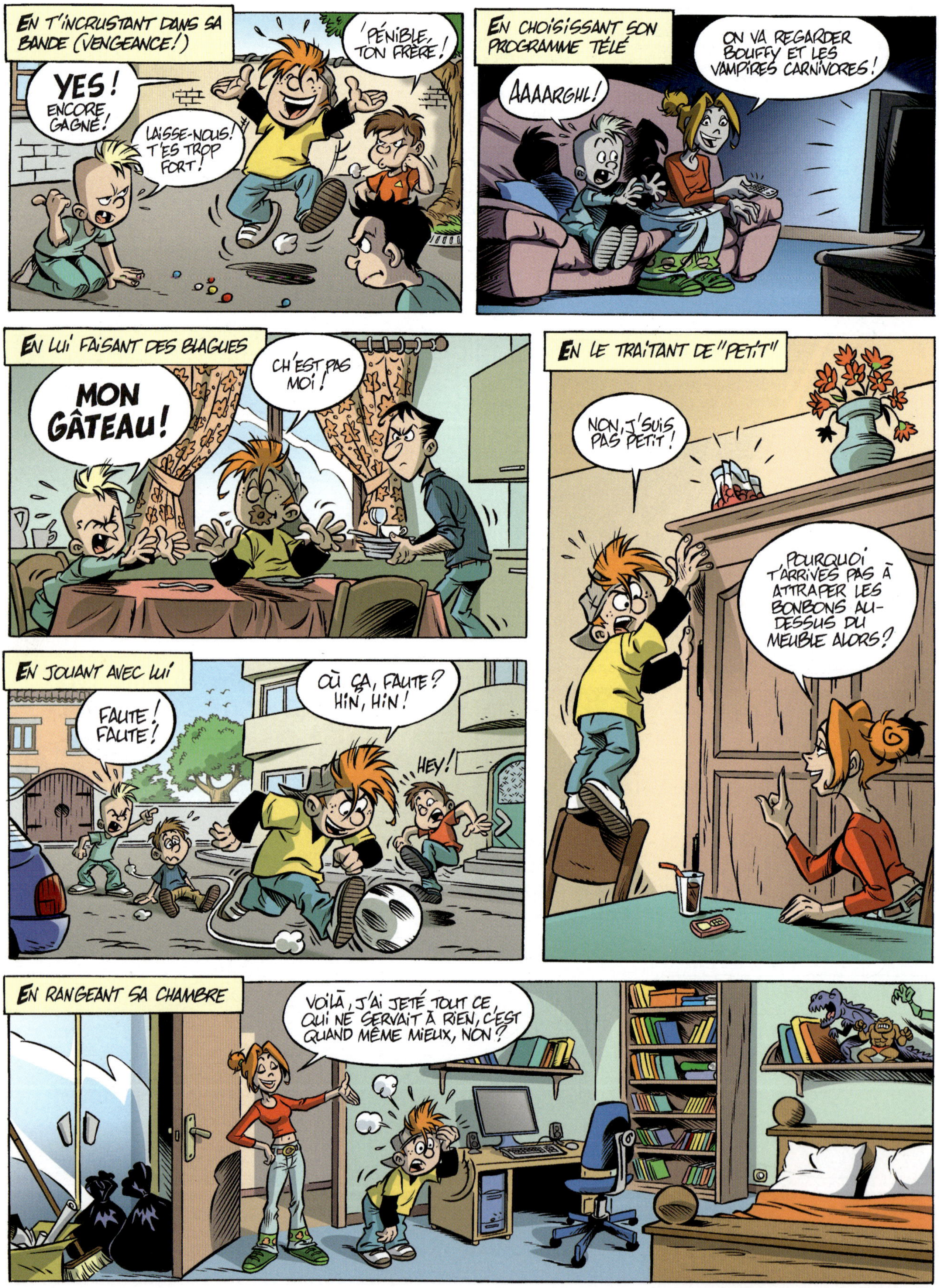
EN T'INCRUSTANT DANS SA BANDE (VENGEANCE !)
YES ! ENCORE GAGNÉ !
PÉNIBLE, TON FRÈRE !
LAISSE-NOUS ! T'ES TROP FORT !
EN CHOISISSANT SON PROGRAMME TÉLÉ
ON VA REGARDER BOUFFY ET LES VAMPIRES CARNIVORES !
AAAARGHL !
EN LUI FAISANT DES BLAGUES
MON GÂTEAU !
CH'EST PAS MOI !
EN LE TRAITANT DE "PETIT"
NON, J'SUIS PAS PETIT !
POURQUOI T'ARRIVES PAS À ATTRAPER LES BONBONS AU-DESSUS DU MEUBLE ALORS ?
EN JOUANT AVEC LUI
FAUTE ! FAUTE !
OÙ ÇA, FAUTE ? HIN, HIN !
HEY !
EN RANGEANT SA CHAMBRE
VOILÀ, J'AI JETÉ TOUT CE QUI NE SERVAIT À RIEN, C'EST QUAND MÊME MIEUX, NON ?

COMMENT LES REMETTRE À LEUR PLACE ?

NON MAIS POUR QUI SE PRENNENT-ILS ?

ILS SE PRENNENT POUR TA MÈRE
CH'EST VACHEMENT DÉLICHIEUX...
ON NE PARLE PAS LA BOUCHE PLEINE !
... POUR TON PROF DE FRANÇAIS
TU SIGNES LA CARTE D'ANNIV' DE PAPA ?
C'EST QUOI TOUTES CES FAUTES D'ORTHOGRAPHE ?
... POUR TOI
J'VAIS TOUS LES POURRIR !
TU ME RENDS MA CONSOLE ! ÇA FAIT DEUX HEURES QUE TU JOUES !
POUR L'INSPECTEUR DES IMPÔTS
COMMENT T'AS PU T'ACHETER TOUS CES DVD AVEC UNIQUEMENT 10 EUROS D'ARGENT DE POCHE PAR MOIS ?
ET PUIS QUOI ENCORE ?
FFFFF... JE SUIS FFFFFF TON PÈRE !
ALORS N'HÉSITE PAS À LES REMETTRE À LEUR PLACE !
DÉMON... SORS DE CE CORPS !
AU SECOURS ! VOUS ÊTES FOUS !
RENDS-NOUS NOTRE SOEUR N'NOU !
23

COMMENT DRESSER SON FRÈRE OU À SOEUR ?

OU LES DEUX...

LEÇON 1 : LUI DONNER UNE ALIMENTATION RICHE EN PROTÉINES
C'EST QUOI ?
SNIF
DE LA SOLE AUX POIS CHICHES ET AU SARRASIN...
C'EST TRÈS BON, FAUT QUE TU MANGES TOUTE TA GAMELLE
LEÇON 2 : L'EMPÊCHER DE FAIRE DU BRUIT
GNNNMMMM GNNNNGNNN...
JE TE LA RETIRERAI QUAND TU SERAS PLUS CALME...
LEÇON 3 : NE JAMAIS LUI DONNER DU SUCRE
PAS LA PEINE DE FAIRE CETTE TÊTE-LÀ, T'AS PAS LE DROIT DE MANGER ÇA...
SI TU VEUX, IL RESTE ENCORE DES POIS CHICHES...
SCROUTCH SCROUNTCH
ARF
BONBONS
LEÇON 4 : LUI FAIRE FAIRE DE L'EXERCICE
J'COMPRENDS PAS...
SAKAGE
CHERCHE DANS LE LIVRE DE MATHS. IL FAUT ABSOLUMENT QUE TU AIES FAIT MON EXERCICE POUR DEMAIN
LEÇON 5 : LUI APPRENDRE À OBÉIR
COUCHÉ ! DEBOUT ! ASSIS ! COUCHÉ ! DEBOUT ! ASSIS !
FAUDRAIT SAVOIR ! DÉCIDE-TOI, COUCHÉ, DEBOUT OU ASSIS ?
LEÇON 6 : LUI APPRENDRE À FAIRE LE BEAU
EH HO, TU TE CALMES UN PEU ?
QUOI, T'ES JALOUX ?
HI HI HI
HI HI
LEÇON 7 : LUI APPRENDRE QUELQUES TOURS
QU'EST-CE QUE TU FAIS AVEC CE LIVRE ?
?
COMMENT DRESSER SON CHIEN

LES AVANTAGES DU DRESSAGE

COMPARONS UN PEU...

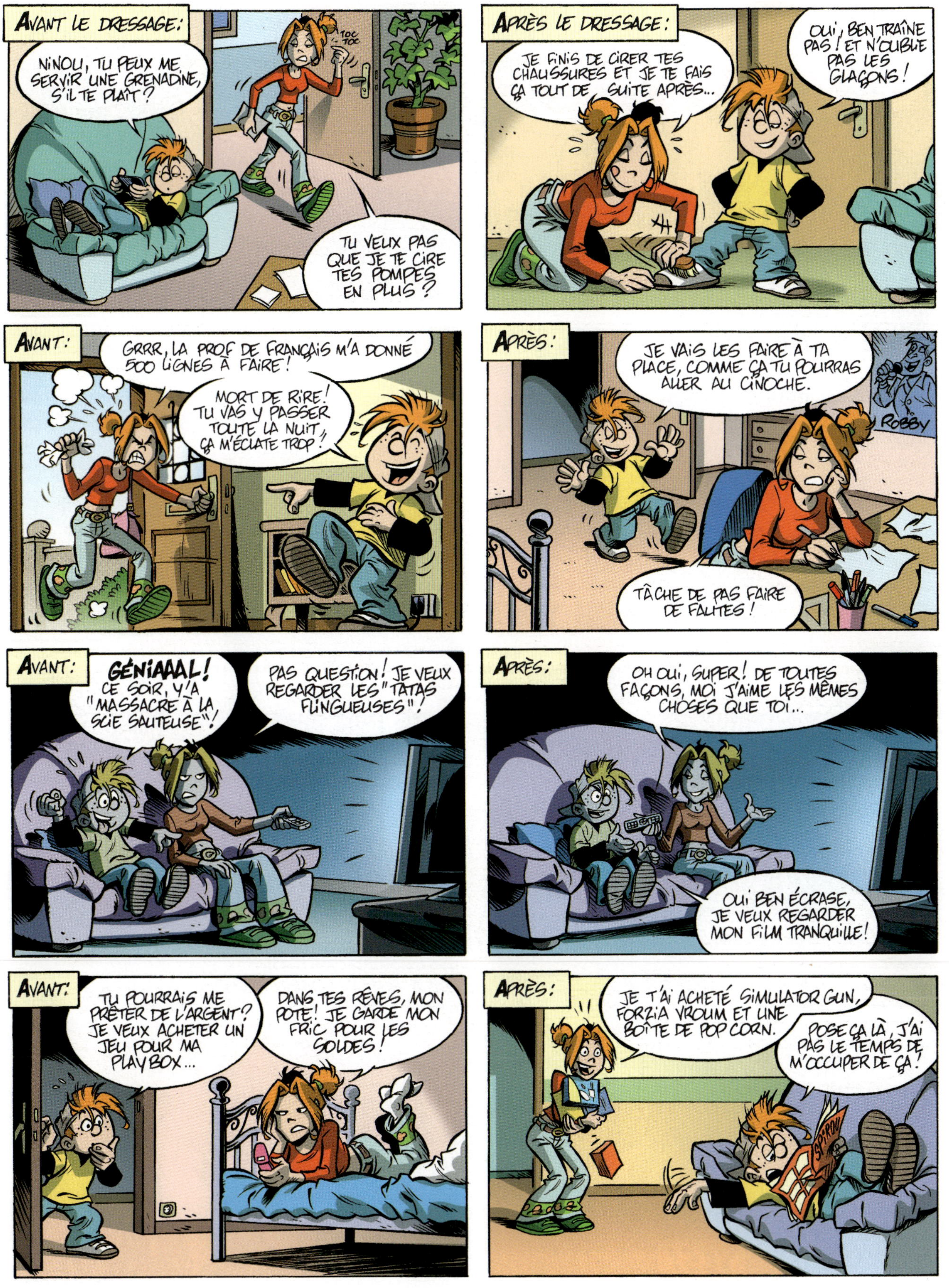

AVANT LE DRESSAGE :
NINOU, TU PEUX ME SERVIR UNE GRENADINE, S'IL TE PLAÎT ?
TOC TOC
TU VEUX PAS QUE JE TE CIRE TES POMPES EN PLUS ?
APRÈS LE DRESSAGE :
JE FINIS DE CIRER TES CHAUSSURES ET JE TE FAIS ÇA TOUT DE SUITE APRÈS...
OUI, BEN TRAÎNE PAS ! ET N'OUBLIE PAS LES GLAÇONS !
AVANT :
GRRR, LA PROF DE FRANÇAIS M'A DONNÉ 500 LIGNES À FAIRE !
MORT DE RIRE ! TU VAS Y PASSER TOUTE LA NUIT, ÇA M'ÉCLATE TROP !
APRÈS :
JE VAIS LES FAIRE À TA PLACE, COMME ÇA TU POURRAS ALLER AU CINOCHE.
ROBBY
TÂCHE DE PAS FAIRE DE FAUTES !
AVANT :
GÉNIAAAL ! CE SOIR, Y'A "MASSACRE À LA SCIE SAUTEUSE" !
PAS QUESTION ! JE VEUX REGARDER LES "TATAS FLINGUEUSES" !
APRÈS :
OH OUI, SUPER ! DE TOUTES FAÇONS, MOI J'AIME LES MÊMES CHOSES QUE TOI...
OUI BEN ÉCRASE, JE VEUX REGARDER MON FILM TRANQUILLE !
AVANT :
TU POURRAIS ME PRÊTER DE L'ARGENT ? JE VEUX ACHETER UN JEU POUR MA PLAYBOX...
DANS TES RÊVES, MON POTE ! JE GARDE MON FRIC POUR LES SOLDES !
APRÈS :
JE T'AI ACHETÉ SIMULATOR GUN, FORZIA VROUM ET UNE BOÎTE DE POP CORN.
POSE ÇA LÀ, J'AI PAS LE TEMPS DE M'OCCUPER DE ÇA !
SPIROU

LES DEUX GRANDES MÉTHODES DE DRESSAGE

LA MÉTHODE DOUCE...

LA MÉTHODE DOUCE CONSISTE À DRESSER SANS QUE LA VICTIME S'EN RENDE COMPTE...
ON REGARDE INDIANA JIM ET LA CARAFE DE CRISTAL !
NON ! ON REGARDE NANARD ACADÉMY !
TÉLOCHE MAG
SI TES FRÈRES ET SOEURS SONT VANITEUX
J'AI ENTENDU DIRE QUE CEUX QUI REGARDAIENT INDIANA JIM C'ÉTAIENT DES GENS VACHEMENT INTELLIGENTS...
ON REGARDE ÇA, ALORS !
YES!
S'ILS SONT CUPIDES
5€ POUR TOI SI ON REGARDE INDIANA JIM !
7,50 ET L'AFFAIRE EST CONCLUE !
YES!
S'ILS SONT NAÏFS
MAMAN A DIT QU'ON DEVAIT REGARDER INDIANA JIM, ÇA VA NOUS APPRENDRE DES TRUCS SUR L'ARCHÉOLOGIE !
TU CROIS QU'ELLE VA NOUS INTERROGER APRÈS ?
YES!
S'ILS SONT FANS
C'EST BRAD CLOONEY QUI JOUE LE RÔLE D'INDIANA JIM, TU LE CONNAIS CET ACTEUR ?
BRAD CLOONEY ? C'EST PAS VRAI ! AH JE MEURS, VITE, ALLUME !
TÉLOCHE MAG
YES!
S'ILS SONT MIDINETTES
INDIANA JIM ET TOI, VOUS FERIEZ VRAIMENT UN BEAU COUPLE...
AH OUI ? TU TROUVES ?
TÉLOCHE MAG
INDIANA JIM
YES!
S'ILS SONT PÂLES
INDIANA JIM, ÇA A ÉTÉ TOURNÉ AVEC UN NOUVEAU PROCÉDÉ GÉNIAL : QUAND TU REGARDES LE FILM, TU BRONZES ET ÇA FAIT DISPARAÎTRE TES BOUTONS...
ON REGARDE CELUI-LÀ !
YES!
S'ILS SONT CONFIANTS
MAIS NON, DANS INDIANA JIM Y'A PAS D'ARAIGNÉES, T'INQUIÈTE PAS !
TANT MIEUX, PARCE QUE J'AI HORREUR DE CES BESTIOLES...
YES!

LES DEUX GRANDES MÉTHODES DE DRESSAGE

LA MÉTHODE DURE...

AVEC LA MÉTHODE DURE, PAS DE QUARTIER, C'EST TOI QUI IMPOSES TA LOI...
ON REGARDE INDIANA JIM ET LA CARAFE DE CRISTAL !
NON ! ON REGARDE NANARD ACADEMY !
TÉLOCHE MAG
RONN
SOIS MENAÇANT
ESSAIE SEULEMENT DE TOUCHER À LA TÉLÉCOMMANDE, ET T'ES MORT !
NON, NON, J'ESSAYE PAS...
YES!
ADOPTE LE REGARD QUI TUE
OUI, C'EST VRAI, T'AS RAISON, NANARD ACADEMY C'EST VACHEMENT MIEUX...
YES!
PRENDS UN TON FERME ET DÉFINITIF
C'EST MOI QUI CHOISIS LE PROGRAMME ET SI T'ES PAS CONTENT TU DÉMÉNAGES !
ÇA TOMBE BIEN, J'AVAIS ENVIE DE PRENDRE L'AIR !
YES!
UTILISE TA FORCE
JE SAVAIS BIEN QU'ON FINIRAIT PAR VOIR NANARD ACADEMY...
GNNN GNNN MMMM GNNN
YES!
N'HÉSITE PAS À DEVENIR MAÎTRE-CHANTEUR
PENDANT QUE TU REGARDES INDIANA JIM, JE VAIS MONTRER TON CARNET À MAMAN...
LAISSE, J'IRAI ! REGARDE PLUTÔT TON ÉMISSION...
NOTES
YES!
DONNE DANS LA DÉGUEU ATTITUDE
DANS CE FILM, IL PARAÎT QU'IL Y A DES VERS QUI GRIGNOTENT INDIANA JIM DE L'INTÉRIEUR, IL VOMIT SES INTESTINS, C'EST UNE HORREUR...
JE CROIS PAS QUE JE VAIS REGARDER LA TÉLÉ MOI...
BEEEUUERK...
YES!
PÈTE UN PLOMB
VITE, VITE, MA DOSE DE NANARD ACADEMY, SINON JE VAIS ME TRANSFORMER EN MOULES FRITES, JE L'AI VU DANS MA BOULE DE CRISTAL...
DU CALME, DU CALME, FLIPPE PAS, JE TE LAISSE LA TÉLÉ...
ROONN
YES!

COMMENT EXPLOITER SES FRÈRES ET SOEURS ?

C'EST TOUJOURS BON À SAVOIR...

BIEN DRESSÉ, UN FRÈRE OU UNE SOEUR, C'EST ASSEZ SYMPA...
TU PEUX ME LACER MES CHAUSSURES ?
Y'A PAS DE LACETS !
C'EST PAS GRAVE, À GENOUX QUAND MÊME, ESCLAVE !
TU PEUX L'OBLIGER À TE FAIRE DES CADEAUX
VOILÀ LE CATALOGUE GAMES'R'US. J'AI MIS DES CROIX SUR LES JEUX QUE JE VEUX...
D'ACCORD. JE VAIS DEMANDER À PAPA UNE AVANCE SUR MON ARGENT DE POCHE.
TU PEUX L'UTILISER COMME MESSAGER
NINOU AIMERAIT BIEN SORTIR CE SOIR, ELLE VOUDRAIT SAVOIR SI VOUS ÊTES D'ACCORD ?
POURQUOI ELLE NOUS LE DEMANDE PAS ELLE-MÊME ?
ELLE A PAS LE TEMPS, ELLE EST EN TRAIN DE SE PRÉPARER
TU PEUX L'ENVOYER FAIRE DES COURSES À TA PLACE
VA DIRE À BASTIEN QUE JE PASSERAI LE VOIR CET APRÈS-MIDI.
POURQUOI TU LUI TÉLÉPHONES PAS ?
JE VAIS PAS USER MON FORFAIT QUAND MÊME !
TU PEUX LEUR REFILER LES CORVÉES
C'ÉTAIT PAS TON TOUR DE LAVER LA VOITURE ?
T'OCCUPE PAS DE ÇA... METS-TOI UN PEU À DROITE, TU ME FAIS DE L'OMBRE.
TU PEUX DÉTOURNER L'ATTENTION SUR LUI
C'EST À CETTE HEURE-CI QUE TU RENTRES ?
T'ES DE MAUVAISE HUMEUR À CAUSE DU BULLETIN DE NOTES DE MINO ?
AAAARRGL !

OBLIGATIONS ET INTERDICTIONS DES FRÈRES ET SOEURS

À AFFICHER PARTOUT DANS LA MAISON

INTERDICTION DE TE DÉNONCER
QUI A MANGÉ TOUT LE CHOCOLAT ?
JE PEUX RIEN DIRE, MAIS C'EST PAS MOI ET C'EST PAS NINOU NON PLUS !
OBLIGATION DE PARTAGER
JE DOIS COPIER 100 FOIS : "JE NE DOIS PAS JETER DE BOULES PUANTES DANS LES TOILETTES DES FILLES" !
ON FAIT 50 LIGNES CHACUN ?
INTERDICTION DE TE COLLER
C'EST BON ? JE SUIS ASSEZ LOIN ?
Y'AVAIT PLUS DE PLACE DANS LE COULOIR ?
INTERDICTION D'ÊTRE MEILLEUR QUE TOI
LOULOU ! FAIS PAS ÇA, S'IL TE PLAÎT ! JE VAIS PERDRE MA PLACE DE ROI DE LA BÊTISE...
INTERDICTION D'ÊTRE LE CHOUCHOU
JE DONNE LA DERNIÈRE PART DE GÂTEAU À LOULOU, C'EST LE PLUS PETIT...
PASSE-M'EN UN GROS MORCEAU TOUT DE SUITE !
TU M'EN DONNES LA MOITIÉ ?
OBLIGATION D'ÊTRE SYMPA
JE TE LAISSE "LA COMPAGNIE DES EAUX", T'AS ENCORE RIEN ACHETÉ...
C'EST GENTIL...
NONOPOLY
ET N'OUBLIE PAS DE ME PAYER QUAND TU PASSES "AVENUE DES CHAMPS ÉLYSÉES" OU "RUE DE LA PAIX" !
INTERDICTION DE DONNER DES OBLIGATIONS
NINOU, SORS LA POUBELLE TOUT DE SUITE !
TTT, TTT TTT ! PAS D'OBLIGATIONS...
NINOU, EST-CE QUE TU POURRAIS SORTIR LA POUBELLE S'IL TE PLAÎT ?
NON !

LES BONNES MANIÈRES À APPRENDRE À SES FRÈRES ET SOEURS

ÇA VA FILER DROIT !

LA POLITESSE
LE MUTANT RAMPANT LE RETOUR
INTERDIT AUX MOINS DE 16 ANS
20H
CAISSE
TU VAS DIRE BONJOUR À LA CAISSIÈRE, ET MOI, PENDANT CE TEMPS, J'ENTRE EN CACHETTE...
ET MOI, COMMENT JE FAIS POUR ENTRER ?
LA COURTOISIE
JE T'EN PRIE, NINOU, PRENDS LA DERNIÈRE PART DE GÂTEAU !
Y'A INTÉRÊT !
L'AMABILITÉ
ATTENTION DE NE PAS ABÎMER MON CARTON AVEC TON PIED !
OUPS, DÉSOLÉE... UHHH, UUURRH... ARRRH...
LA GENTILLESSE
UN CADEAU ?! C'EST PAS MON ANNIVERSAIRE AUJOURD'HUI !
NON, C'EST JUSTE POUR TE FAIRE PLAISIR...
MES BONBONS !
LA BONNE HUMEUR
JE CHERCHAIS MON STYLO BLEU...
C'EST SYMPA, MINO, CETTE NOUVELLE DÉCO QUE TU AS FAITE DANS MA CHAMBRE !
L'OBÉISSANCE
GRÔOAR
COURS, MINO, COURS !
À VOS ORDRES, NINOU !

COMMENT LEUR FAIRE FAIRE LES CORVÉES À TA PLACE ?

VOILÀ QUI EST INTÉRESSANT !

L'ENVOÛTEMENT
IL Y A UN SORCIER QUI M'A DIT QUE SI JE FAISAIS LES COURSES, TOUTE LA TERRE SERAIT DÉTRUITE ET QUE LA MALÉDICTION ME POURSUIVRAIT JUSQU'À LA NUIT DES TEMPS !
ET TA BÊTISE, ELLE VA TE POURSUIVRE JUSQU'OÙ ?
L'ARNAQUE
JE T'ÉCHANGE MON TOUR D'ÉPLUCHAGE DE PATATES CONTRE MON SKATE PENDANT TROIS JOURS...
T'AS PAS DE SKATE !
BEN, QUAND J'EN AURAI UN !
LA SIMULATION
AAAAARRRHH
J'AI FAILLI ME COUPER LA MOITIÉ DU BRAS AVEC UN COUTEAU !
HOU LÀ LÀ ... C'EST TROP DANGEREUX POUR MOI DE METTRE LA TABLE !
LA DÉFILADE
MAMAN, MINO IL EST PARTI ET IL A MÊME PAS DÉBARRASSÉ LA TABLE !
C'EST PAS GRAVE, TU VAS M'AIDER.
AH NON, JE DÉBARRASSE QUE MON ASSIETTE !
L'EMBROUILLE
C'EST TON TOUR DE FAIRE LA VAISSELLE...
ET ALORS ?
MAIS SI, C'EST MOI QUI L'AI FAITE HIER PARCE QU'ON AVAIT DIT QUE CE SERAIT TOI APRÈS MOI MAIS QUE MOI, C'ÉTAIT AVANT TOI QUAND T'ÉTAIS PAS APRÈS ET QUE...
LA RUSE
J'AI LU DANS UN MAGAZINE QUE JOHNNY DEPP ADORE LES FILLES QUI FONT LE MÉNAGE...
BONJOUR LE MACHO ! C'EST FINI, JE L'AIME PLUS !

COMMENT LEUR FAIRE FAIRE TES DEVOIRS ?

UN CHOIX DE MÉTHODES EFFICACES

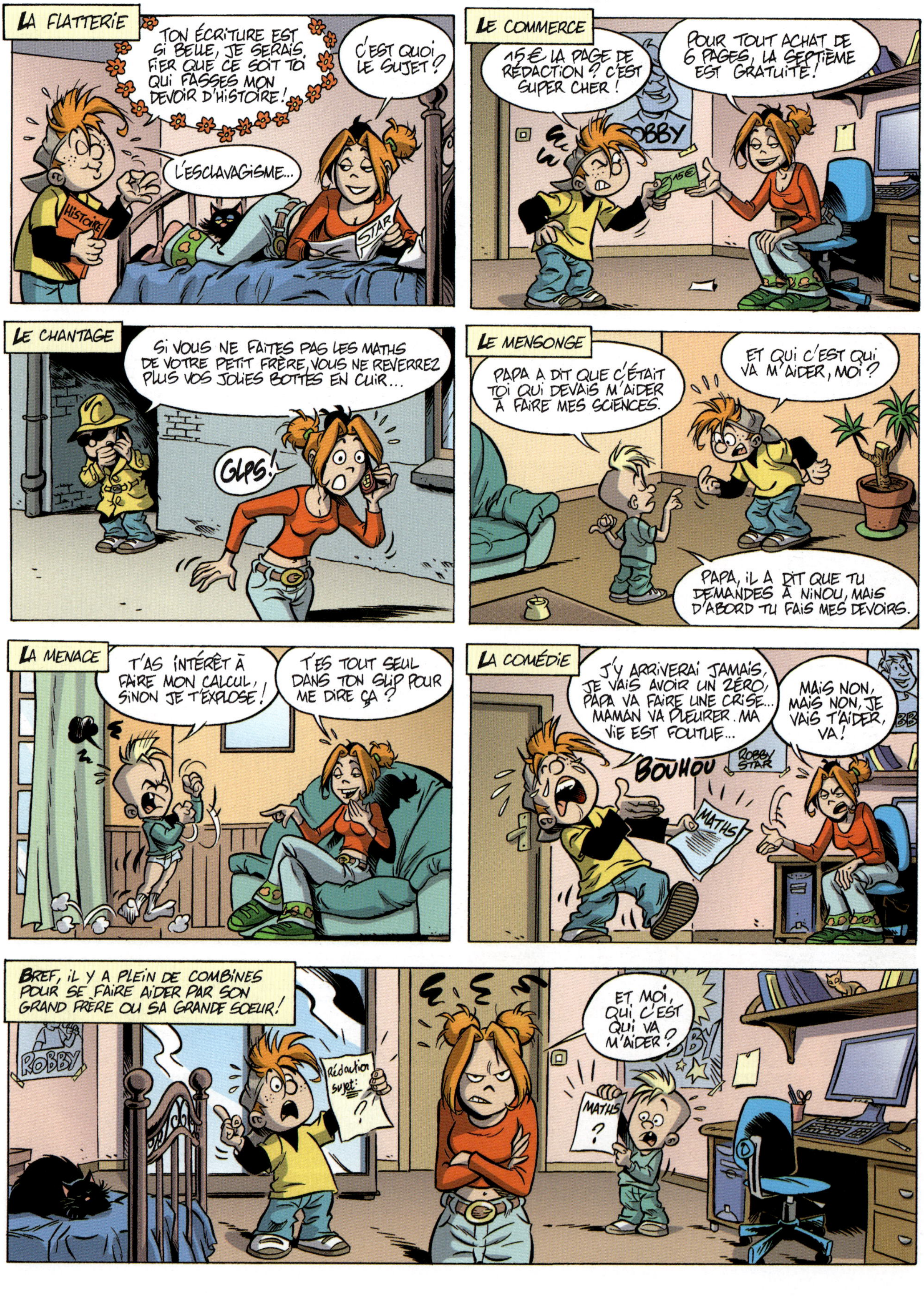

LA FLATTERIE
TON ÉCRITURE EST SI BELLE, JE SERAIS FIER QUE CE SOIT TOI QUI FASSES MON DEVOIR D'HISTOIRE !
C'EST QUOI LE SUJET ?
L'ESCLAVAGISME...
HISTOIRE
STAR
LE COMMERCE
15 € LA PAGE DE RÉDACTION ? C'EST SUPER CHER !
POUR TOUT ACHAT DE 6 PAGES, LA SEPTIÈME EST GRATUITE !
ROBBY
15 €
LE CHANTAGE
SI VOUS NE FAITES PAS LES MATHS DE VOTRE PETIT FRÈRE, VOUS NE REVERREZ PLUS VOS JOLIES BOTTES EN CUIR...
GLPS !
LE MENSONGE
PAPA A DIT QUE C'ÉTAIT TOI QUI DEVAIS M'AIDER À FAIRE MES SCIENCES.
ET QUI C'EST QUI VA M'AIDER, MOI ?
PAPA, IL A DIT QUE TU DEMANDES À NINOU, MAIS D'ABORD TU FAIS MES DEVOIRS.
LA MENACE
T'AS INTÉRÊT À FAIRE MON CALCUL, SINON JE T'EXPLOSE !
T'ES TOUT SEUL DANS TON SLIP POUR ME DIRE ÇA ?
LA COMÉDIE
J'Y ARRIVERAI JAMAIS, JE VAIS AVOIR UN ZÉRO, PAPA VA FAIRE UNE CRISE... MAMAN VA PLEURER. MA VIE EST FOUTUE...
MAIS NON, MAIS NON, JE VAIS T'AIDER, VA !
BOUHOU
ROBBY STAR
MATHS
BREF, IL Y A PLEIN DE COMBINES POUR SE FAIRE AIDER PAR SON GRAND FRÈRE OU SA GRANDE SOEUR !
ROBBY
Rédaction sujet : ?
ET MOI, QUI C'EST QUI VA M'AIDER ?
MATHS ?

COMMENT UTILISER TES FRÈRES ET SOEURS ?

FAUT BIEN QU'ILS SERVENT À QUELQUE CHOSE !

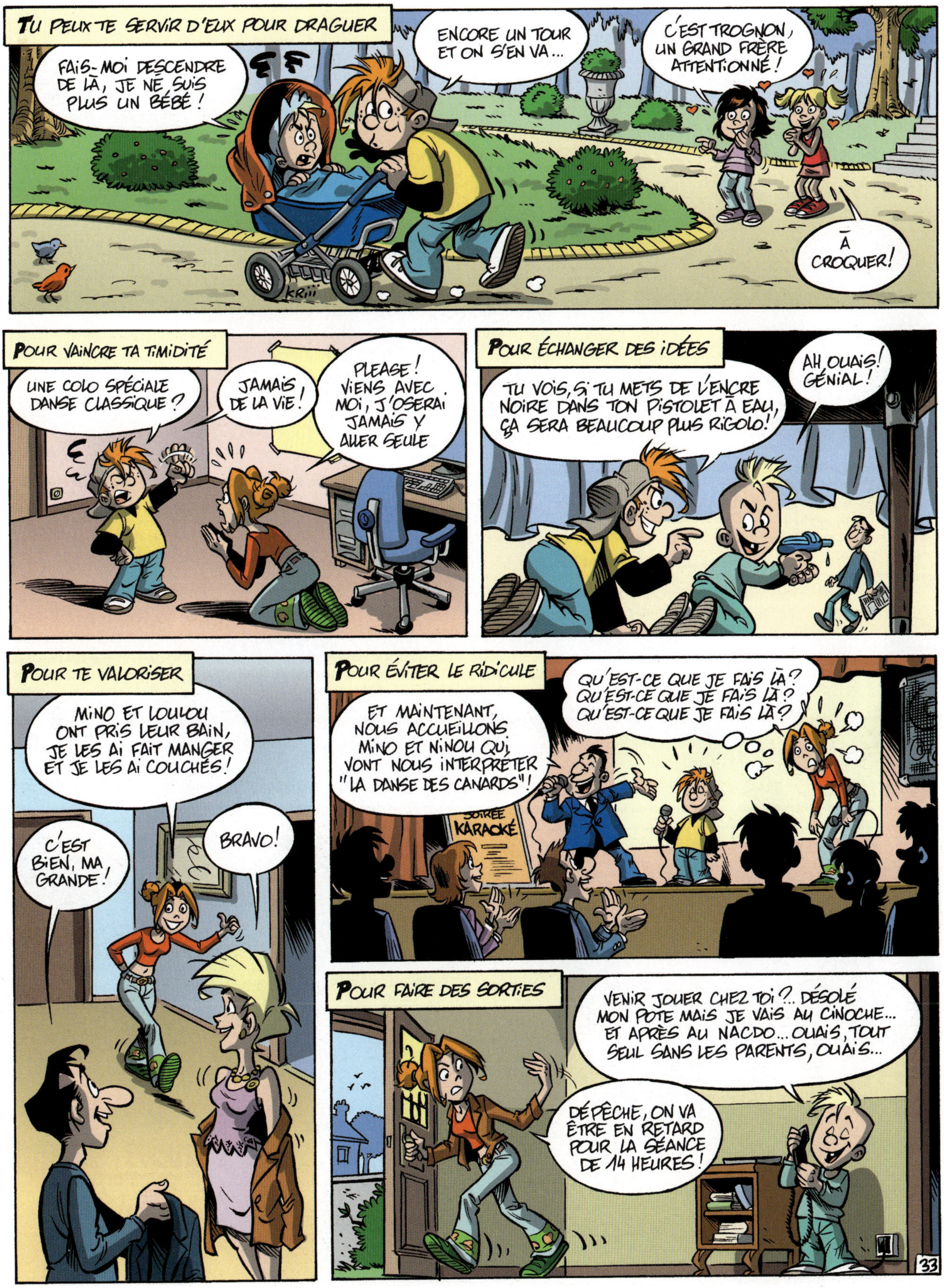
TU PEUX TE SERVIR D'EUX POUR DRAGUER
FAIS-MOI DESCENDRE DE LÀ, JE NE SUIS PLUS UN BÉBÉ !
ENCORE UN TOUR ET ON S'EN VA...
C'EST TROGNON, UN GRAND FRÈRE ATTENTIONNÉ !
À CROQUER !
KRIII
POUR VAINCRE TA TIMIDITÉ
UNE COLO SPÉCIALE DANSE CLASSIQUE ?
JAMAIS DE LA VIE !
PLEASE ! VIENS AVEC MOI, J'OSERAI JAMAIS Y ALLER SEULE
POUR ÉCHANGER DES IDÉES
TU VOIS, SI TU METS DE L'ENCRE NOIRE DANS TON PISTOLET À EAU, ÇA SERA BEAUCOUP PLUS RIGOLO !
AH OUAIS ! GÉNIAL !
POUR TE VALORISER
MINO ET LOULOU ONT PRIS LEUR BAIN, JE LES AI FAIT MANGER ET JE LES AI COUCHÉS !
C'EST BIEN, MA GRANDE !
BRAVO !
POUR ÉVITER LE RIDICULE
ET MAINTENANT, NOUS ACCUEILLONS MINO ET NINOU QUI VONT NOUS INTERPRÉTER "LA DANSE DES CANARDS" !
QU'EST-CE QUE JE FAIS LÀ ? QU'EST-CE QUE JE FAIS LÀ ? QU'EST-CE QUE JE FAIS LÀ ?
SOIRÉE KARAOKÉ
POUR FAIRE DES SORTIES
VENIR JOUER CHEZ TOI ?.. DÉSOLÉ MON POTE MAIS JE VAIS AU CINOCHE... ET APRÈS AU NACDO... OUAIS, TOUT SEUL SANS LES PARENTS, OUAIS...
DÉPÊCHE, ON VA ÊTRE EN RETARD POUR LA SÉANCE DE 14 HEURES !
33

L'ART DE SE DÉBARRASSER DE SES FRÈRES ET SOEURS

Y'A PAS MOYEN D'ÊTRE TRANQUILLE !

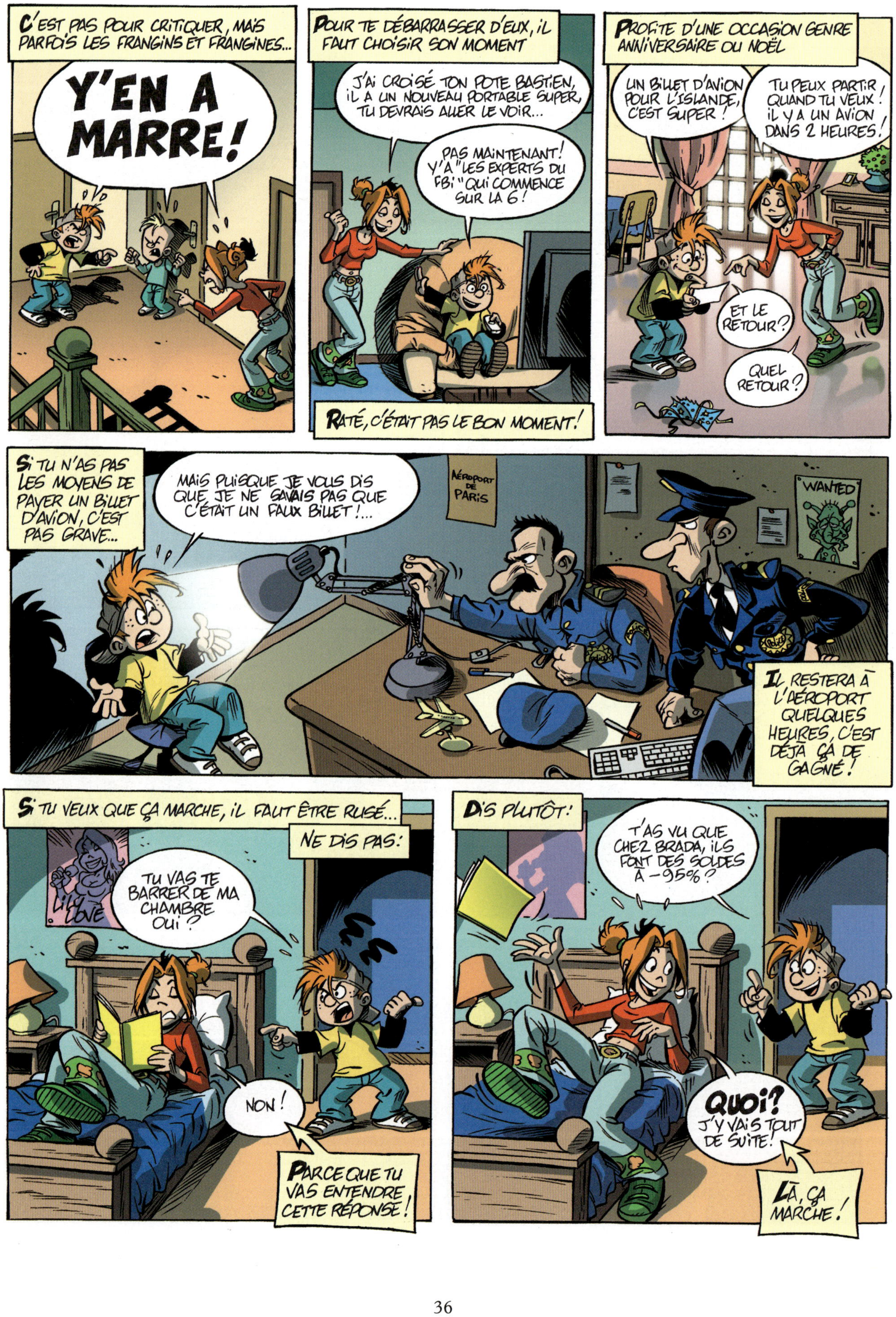
C'EST PAS POUR CRITIQUER, MAIS PARFOIS LES FRANGINS ET FRANGINES...
Y'EN A MARRE !
POUR TE DÉBARRASSER D'EUX, IL FAUT CHOISIR SON MOMENT
J'AI CROISÉ TON POTE BASTIEN, IL A UN NOUVEAU PORTABLE SUPER, TU DEVRAIS ALLER LE VOIR...
PAS MAINTENANT ! Y'A "LES EXPERTS DU FBI" QUI COMMENCE SUR LA 6 !
RATÉ, C'ÉTAIT PAS LE BON MOMENT !
PROFITE D'UNE OCCASION GENRE ANNIVERSAIRE OU NOËL
UN BILLET D'AVION POUR L'ISLANDE, C'EST SUPER !
TU PEUX PARTIR QUAND TU VEUX ! IL Y A UN AVION DANS 2 HEURES !
ET LE RETOUR ?
QUEL RETOUR ?
SI TU N'AS PAS LES MOYENS DE PAYER UN BILLET D'AVION, C'EST PAS GRAVE...
MAIS PUISQUE JE VOUS DIS QUE JE NE SAVAIS PAS QUE C'ÉTAIT UN FAUX BILLET !...
AÉROPORT DE PARIS
WANTED
IL RESTERA À L'AÉROPORT QUELQUES HEURES, C'EST DÉJÀ ÇA DE GAGNÉ !
SI TU VEUX QUE ÇA MARCHE, IL FAUT ÊTRE RUSÉ...
NE DIS PAS :
TU VAS TE BARRER DE MA CHAMBRE OUI ?
NON !
PARCE QUE TU VAS ENTENDRE CETTE RÉPONSE !
DIS PLUTÔT :
T'AS VU QUE CHEZ BRADA, ILS FONT DES SOLDES À -95% ?
QUOI ? J'Y VAIS TOUT DE SUITE !
LÀ, ÇA MARCHE !

L'ART D'UTILISER LES PARENTS POUR SE VENGER

BIEN FAIT POUR LES FRÈRES ET SOEURS !

1. CRIE DÈS QUE TON FRÈRE OU TA SOEUR PASSE PRÈS DE TOI...
?
MAIS... EUH ARRÊTEEEE, NINOU !
2. TU OBTIENDRAS UNE RÉACTION IMMÉDIATE D'UN PARENT
NINOU ! N'EMBÊTE PAS TON FRÈRE !
3. BIEN ENTENDU, LA VICTIME PROTESTERA
MAIS ??? J'AI RIEN FAIT !
4. JOUE LES GRANDS SEIGNEURS !
QU'EST-CE QUI SE PASSE, MINO ?
MAMAN, JE NE SUIS PAS UN RAPPORTEUR. NINOU EST ASSEZ GRANDE POUR AVOUER SA BÊTISE !
5. SAVOURE TA VENGEANCE...
TU DEVRAIS AVOIR HONTE NINOU ! PRENDS EXEMPLE SUR TON FRÈRE !
CAR CELA NE VA PAS DURER !!! HIN HIN HIN !
MAIS... EUH... ARRÊTEEEE, MINO !
HEIN ? QU'EST-CE QUE TU FAIS ?
JE FAIS COMME MAMAN M'A DIT, JE PRENDS EXEMPLE SUR TOI !
MINO ! N'EMBÊTE PAS TA SOEUR !
35

QUAND ET COMMENT PUNIR SES FRÈRES ET SOEURS ?

AH BEN OUI, IL LE FAUT...

SI TON FRÈRE OU TA SOEUR N'OBÉIT PAS...
VA DIRE À MAMAN QU'ELLE ME POURRIT LA VIE !
ÇA VA PAS, T'ES FOU !
ET S'IL TE MANQUE DE RESPECT
GRRRRR ! TU M'AS VOLÉ TOUTES MES VIES !
PIOUUU
PIOUU
BREF, S'IL DÉPASSE LES BORNES
QUOI ? VOUS ÊTES NÉS AVANT MOI ! MAIS VOUS ÊTES DES TRAÎTRES !
MAIS LOULOU, ON N'Y PEUT RIEN !
C'EST LA VIE !
TU PEUX LUI DONNER TOI-MÊME UNE PUNITION
JE VAIS DIRE À ADRIEN QUE TU VEUX SORTIR AVEC LUI !
NON, PITIÉ, NE FAIS PAS ÇA !
OU LA FAIRE DONNER PAR LE BIAIS DE QUELQU'UN D'AUTRE
GRRRR
QU'EST-CE QUE TU LUI AS DIT POUR QU'IL SOIT SI EN COLÈRE ?
OU BIEN TU PEUX NE PAS DONNER DE PUNITION DU TOUT
ALORS ? TU FAIS QUOI SI J'OBÉIS PAS ?
RIEN, RIEN, ON NE VA PAS SE FÂCHER ENTRE FRÈRE ET SOEUR, QUAND MÊME !
36

FAUT-IL ÊTRE FERME OU COOL ?

À TON AVIS ?

SI TU ES TROP SÉVÈRE, TU VAS TE FAIRE DÉTESTER
ALORS, ÇA VIENT CE JUS D'ORANGE ?
OUI, OUI...
JUS ORANGE
MAIS ATTENTION, ÊTRE TROP COOL, ÇA A DES INCONVÉNIENTS...
EH HO ! C'EST PAS PARCE QUE T'ES DANS TA CHAMBRE QUE TU DOIS TE LA PÉTER !
MOINS FORT MINO, ÇA M'EMPÊCHE DE RÉFLÉCHIR !
PIOUUUU PIOUUUUU
MATHS
... QUI PEUVENT DÉGÉNÉRER
DÉGAGE, TU RÉFLÉCHIS TROP FORT !
C'EST POURQUOI UN BON DRESSAGE DOIT COMPRENDRE UNE DOSE D'AUTORITÉ...
TU VAS M'AIDER À FAIRE MON DEVOIR DE MATHS...
MATHS
... ET UNE DOSE DE GENTILLESSE
VA DANS TA CHAMBRE, TU SERAS PLUS TRANQUILLE ! JE GARDE TA PLACE AU CHAUD...
PASSE-MOI LA TÉLÉCOMMANDE S'IL TE PLAÎT...
MAIS N'OUBLIE PAS QUE ÇA NE SERA JAMAIS TOI LE CHEF DE LA FAMILLE !
ÇA VA PAS TOI ? CE N'EST QUAND MÊME PAS À TA SOEUR DE FAIRE TES DEVOIRS DE MATHS !
OUSTE, DANS TA CHAMBRE !
MRAOW ?!

COMMENT ÊTRE GENTIL AVEC SES FRÈRES ET SOEURS ?

BEN OUI, QUAND MÊME !

EN LUI DISANT QUE TU L'AIMES
PSSST, UNE LETTRE ANONYME POUR VOUS M'SIEUR MINO !
?!
"MINO, TU SERAS TOUJOURS MON PETIT FRÈRE CHÉRI !"
EN RESTANT TOUJOURS SOLIDAIRE
J'EMMÈNE TA CONSOLE DANS MA CHAMBRE, PUISQUE TU ES PRIVÉ DE JEUX VIDÉO !
COMME ÇA TU NE SERAS PAS TENTÉ !
AAARG!
EN ÉTANT TOUJOURS À SON ÉCOUTE
TU ME REMPLACES S'IL TE PLAIT ? IL SUFFIT DE DIRE "OUI" TOUTES LES DEUX MINUTES !
BLA BLA BLA BLA BLA BLA BLA BLA BLA BLA BLA BLA
?
EN LEUR CONFIANT DES SECRETS
LES PARENTS ONT DÉCOUVERT TES FAUX MOTS D'EXCUSES POUR L'ÉCOLE !
ILS VONT T'EN PARLER CE SOIR !
EN FAISANT DES SORTIES
C'EST SYMPA À TOI DE M'ACCOMPAGNER.
JE T'EN PRIE, C'EST TOUJOURS UN PLAISIR POUR MOI DE ME BALADER AVEC TOI !
EN ÉVITANT LES CONFLITS
QU'EST-CE QUE TU PENSES DE MA NOUVELLE COIFFURE ? N'HÉSITE PAS, SOIS FRANC !
EUH... DÉSOLÉ, JE N'AI PAS LE TEMPS DE RÉPONDRE, J'AI UN RENDEZ-VOUS ULTRA URGENT !

COMMENT SE FAIRE AIMER DE SES FRÈRES ET SOEURS ?

BEN OUI, C'EST QUAND MÊME IMPORTANT !

EN FAISANT DES COMPLIMENTS
VOILÀ, ELLES BRILLENT COMME TES YEUX !
VOILÀ !
EN AYANT DE LA RECONNAISSANCE
... DÉSORMAIS, TU POURRAS ME CIRER LES POMPES TOUS LES JOURS !
VOILÀ
EN ÉTANT POLI
TU COPIES 500 FOIS : "JE NE PARLERAI PLUS EN CLASSE PENDANT LES COURS DE FRANÇAIS."
ET IMITE BIEN MON ÉCRITURE, S'IL TE PLAÎT !
EN N'OUBLIANT PAS DE REMERCIER
MERCI MON BRAVE !
EN AYANT DES PETITES ATTENTIONS
SCROUNTCH
SI TU VEUX LÉCHER LE PAPIER, NE TE GÊNE PAS !
EN FAISANT DES CADEAUX
TADAAAM
!!!
JE NE SAVAIS PAS QUOI T'OFFRIR ! QUE DIS-TU DE LA PLUS FANTASTIQUE DES SOEURS ?
EN ÉTANT TOUJOURS SOURIANT
QU'EST-CE QUI TE FAIT RIRE ?
HIIIII !
39

QUELS CADEAUX FAIRE À SES FRÈRES ET SOEURS ?

POUR TOUTES LES OCCASIONS !!

UN BOUQUET DE FLEURS
ARRRGAiiiE ! DES ORTIES ! TRAÎTRE !
C'EST PAS MA FAUTE, MOI J'Y CONNAIS RIEN EN BOTANIQUE !
UN PAQUET DE BONBONS
TOI TU AS MANGÉ TROP DE SUCRERIES !
ARRRGAiiiE ! SALETÉ DE NINOU, ELLE VA ME LE PAYER !
FiiiiiiZZZ
UNE BANDE DESSINÉE
... DRESSER SES FRÈRES ET SOEURS ? WAOH ! SUPER, TU VAS ÊTRE MON COBAYE !
RÊVE PAS MON POTE, J'AI ARRACHÉ TOUTES LES PAGES QUI NE ME PLAISAIENT PAS !
DE LA MUSIQUE
FAIS DODO, COLIN MON P'TIT FRÈRE, FAIS DODO, T'AURAS DU LOLO...
C'EST QUOI C'TE ZIK DE NAZE ?
VA JOUER DANS TA CHAMBRE TOI !
C'EST PARCE QUE NINOU, ELLE VEUT T'ENDORMIR POUR PIQUER TA CONSOLE !
UN SUPER PORTABLE
IL EST TROP BEAU ET SUPER LÉGER !
C'EST MOI QUI L'AI FAIT AVEC DE LA PÂTE À MODELER... IL EST BIEN HEIN ?
UN VÊTEMENT
TU PENSES QUE JE PEUX METTRE ÇA POUR ALLER EN COURS ?
JE NE SAIS PAS, MAIS SI TU PASSES À TRAVERS CHAMPS, TU VAS FAIRE PEUR AUX OISEAUX !
AH AH AH

COMMENT S'AMUSER AVEC SES FRÈRES ET SOEURS ?

C'EST QUAND MÊME ÇA LE MEILLEUR !

EN RACONTANT DES HISTOIRES DRÔLES
ET ALORS BATMAN LUI DIT : " JE PARLE PAS AUX MECS QUI METTENT LEUR SLIP SUR LEUR COLLANT ! "
ARRÊTE, J'EN PEUX PLUS, TU VAS ME FAIRE MOURIR DE RIRE !
HEK HEK
ET CELLE DU CURÉ QUI FAIT DU VÉLO, TU LA CONNAIS ?
EN PARTAGEANT DES SENSATIONS FORTES
J'AI PERDU MES LUNETTES !
J'AI PERDU MON TICKET !
J'AI PERDU MON SLIP !
EN SE LANÇANT DES DÉFIS
LE PREMIER QUI MANGE SON KILO DE BONBONS A GAGNÉ !
ON A LE DROIT DE BOIRE OU IL FAUT LES AVALER CUL-SEC ?
J'ESPÈRE QUE DEDANS IL N'Y A PAS DE BONBONS AU POIVRE...
BONS
BONS
EN FAISANT DES BLAGUES
HA HA HA
HA
HI HI HI
HO HO
ÉCOUTEZ CE QUE JE VOUS EXPLIQUE, AU LIEU DE RIGOLER BÊTEMENT !
EN EFFECTUANT DES EXPÉRIENCES
J'ANNONCE À PAPA QUE JE VAIS ME MARIER, ET TOI TU FILMES !
JE RIGOLE D'AVANCE DE VOIR SA TÊTE !
JE FERAI LE CLAP DE FIN, IL VA SAUTER AU PLAFOND !
EN PARTAGEANT DES AVENTURES
J'AI TROP PEUR ! ILS VONT ME TUER !
ON TE PROTÉGERA !
ALORS, ÇA VIENT, CES BULLETINS DE NOTES ?

AU SECOURS, IL M'EMBÊTE !

LES PARENTS PEUVENT-ILS T'AIDER ?

EN MATIÈRE DE FRÈRE ET SOEUR, LES PARENTS N'AIMENT PAS LES CONFLITS
PAPA, TU PEUX DIRE À NINOU QU'ELLE ME RENDE MON PISTOLET 3D FIGHT ?
TU PEUX BIEN LUI PRÊTER CINQ MINUTES !
ILS VEULENT ÊTRE JUSTES
MAIS ELLE VEUT ME LE CASSER !
POURQUOI ÇA ?
ILS PRÔNENT LA PAIX...
PARCE QUE JE NE VEUX PAS LA LAISSER ENTRER DANS MA CHAMBRE.
ELLE TE LAISSE BIEN ENTRER PARFOIS DANS LA SIENNE, SOIS SYMPA !
ET LE PARTAGE
MAIS NON, ELLE VEUT ME PIQUER MES BONBONS !
DONNE-LUI-EN UN PEU ! IL FAUT PARTAGER MINO !
ILS VEULENT TOUT SAVOIR
JE PEUX PAS !
POURQUOI ÇA ? MONTRE-MOI CES BONBONS...
C'EST POURQUOI PARFOIS, TU FERAIS MIEUX DE TE TAIRE AU LIEU DE LEUR DEMANDER DE L'AIDE
QUOI ? MAIS... CE SONT MES BONBONS ?!
EUH... J'AI UN TRUC À FAIRE !
42

JE VEUX UN P'TIT FRÈRE OU UNE P'TITE SOEUR !

COMMENT FAIRE PASSER LE MESSAGE ?

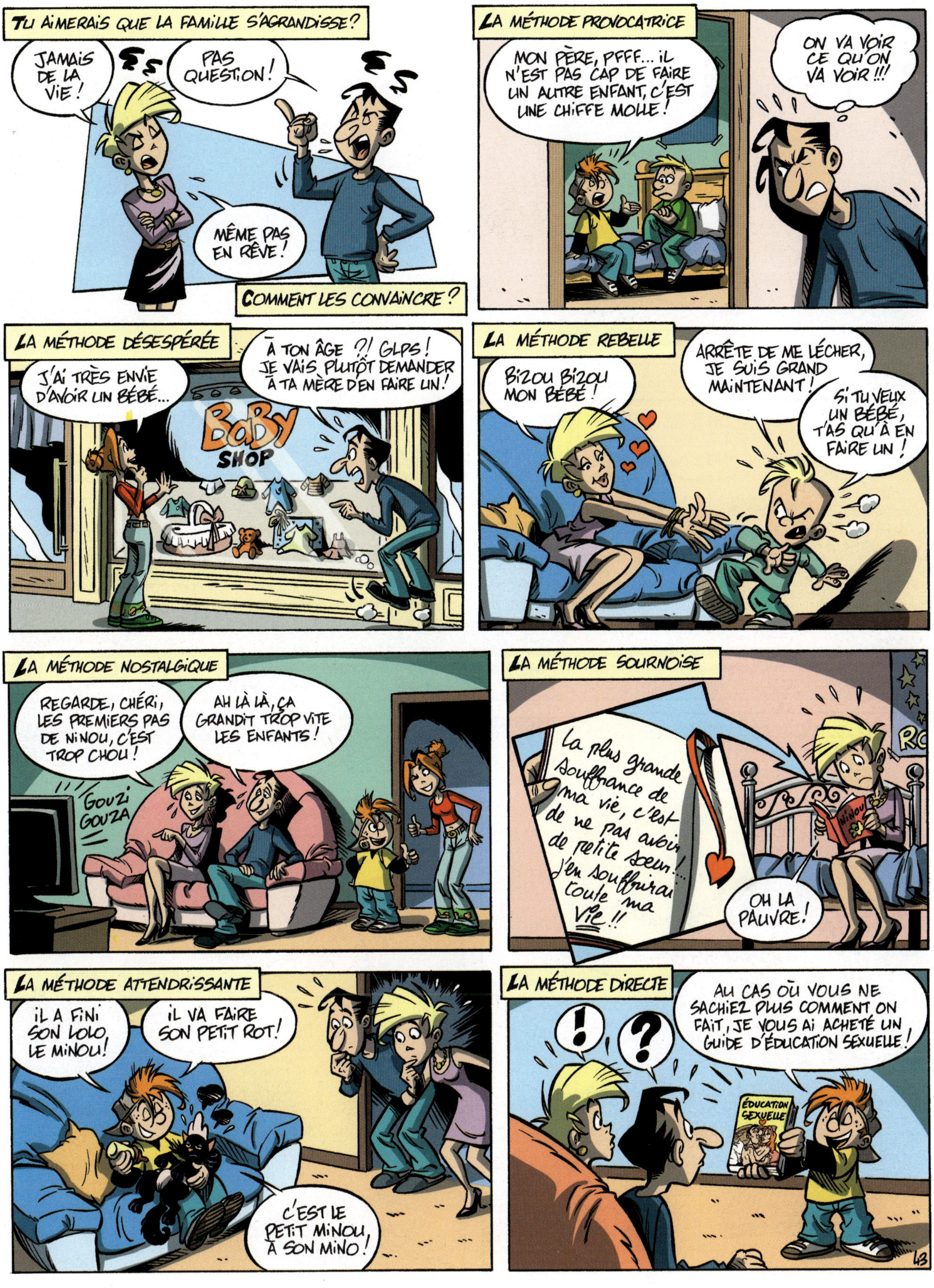
TU AIMERAIS QUE LA FAMILLE S'AGRANDISSE ?
JAMAIS DE LA VIE !
PAS QUESTION !
MÊME PAS EN RÊVE !
COMMENT LES CONVAINCRE ?
LA MÉTHODE PROVOCATRICE
MON PÈRE, PFFF... IL N'EST PAS CAP DE FAIRE UN AUTRE ENFANT, C'EST UNE CHIFFE MOLLE !
ON VA VOIR CE QU'ON VA VOIR !!!
LA MÉTHODE DÉSESPÉRÉE
J'AI TRÈS ENVIE D'AVOIR UN BÉBÉ...
À TON ÂGE ?! GLPS ! JE VAIS PLUTÔT DEMANDER À TA MÈRE D'EN FAIRE UN !
BABY SHOP
LA MÉTHODE REBELLE
BIZOU BIZOU MON BÉBÉ !
ARRÊTE DE ME LÉCHER, JE SUIS GRAND MAINTENANT !
SI TU VEUX UN BÉBÉ, T'AS QU'À EN FAIRE UN !
LA MÉTHODE NOSTALGIQUE
REGARDE, CHÉRI, LES PREMIERS PAS DE NINOU, C'EST TROP CHOU !
AH LÀ LÀ, ÇA GRANDIT TROP VITE LES ENFANTS !
GOUZI GOUZA
LA MÉTHODE SOURNOISE
La plus grande souffrance de ma vie, c'est de ne pas avoir de petite soeur !... J'en souffrirai toute ma vie !!
NINOU
OH LA PAUVRE !
LA MÉTHODE ATTENDRISSANTE
IL A FINI SON LOLO, LE MINOU !
IL VA FAIRE SON PETIT ROT !
C'EST LE PETIT MINOU, À SON MINO !
LA MÉTHODE DIRECTE
! ?
AU CAS OÙ VOUS NE SACHIEZ PLUS COMMENT ON FAIT, JE VOUS AI ACHETÉ UN GUIDE D'ÉDUCATION SEXUELLE !
ÉDUCATION SEXUELLE

ET ALORS, POURQUOI C'EST SUPER LES FRÈRES ET SOEURS?

PARCE QUE C'EST DE L'AMITIÉ 24 H SUR 24
ON EST OBLIGÉS DE TRIMBALER TES FRANGINS PARTOUT OÙ ON VA?
ON NE SE QUITTE JAMAIS, ON FAIT TOUT ENSEMBLE!
BÔM BÔM BÔM
PARCE QUE C'EST DE LA SOLIDARITÉ 7 JOURS SUR 7
VOUS AVEZ EU 20 EN MATHS?!
FACTURE
J'AI EU 9...
J'AI EU 7...
J'AI EU 4...
À NOUS TROIS, ÇA FAIT 20!
PARCE QUE C'EST DE LA RIGOLADE 365 JOURS PAR AN
PROUT
HA HA HA HA HA HA
LE P'TIT COIN
JE PEUX AVOIR MON PETIT MOMENT DE PAIX, OUI?
HU HU HU HU
HI HI! DE PET! HA HA!
PARCE QUE C'EST DE L'AMOUR TOUTE LA VIE
CONSOLE-TOI, IL Y A AU MOINS UNE FILLE QUI T'AIMERA TOUTE LA VIE...
QUI ÇA, PRÉSENTE-LA-MOI!
C'EST MOI!
PFFF, MAIS JE M'EN FICHE DE TOI!

VIVE LES FRÈRES
ET LES SOEURS

Les Guides en BD

le guide du Jeune père
le guide du Jeune Couple
le guide du self-control à l'usage des Conducteurs
le guide indispensable du Petit coin
le guide de survie à l'usage des Parents
le guide de la Quarantaine
le guide de la Drague
le guide de la Télé
le guide de la Retraite
le guide des Amis
le guide de la Trentaine
le guide de la Cinquantaine
le guide du Beau-frère et de la Belle-sœur
le guide du Joyeux Anniversaire
le guide de l'Anti-Boulot
le guide de l'Amour
le guide de la Jeune mère
le guide des Grands-Parents
le guide du Bébé
le guide du Sexe
le guide de la Belle-Mère et du Beau-Père
le guide du Mariage
le guide des Vacances
le guide du Ras-le-bol
le guide de La Soixantaine
le guide du Célibataire
le guide du Fric
le guide des Voisins
le guide de la Bonne Bouffe
le guide de la Sexualité du docteur Big Love
le guide de la Vingtaine
le guide de la Famille recomposée
le guide des Fantasmes du docteur Big Love
le guide des Fonctionnaires

Les Guides junior en BD :

le guide junior des garçons
le guide junior des filles
le guide junior pour bien élever tes parents
le guide junior du happy birthday!
le guide junior de l'école
le guide junior spécial Love
le guide junior des dingues de jeux vidéo
le guide junior des bêtises à ne pas faire!
le guide junior pour être une star
le guide junior pour bien éduquer tes profs
le guide junior pour bien dresser ses frères et sœurs
Le super guide des juniors

Les Guides en BD présentent :
Drôles d'Histoires de...

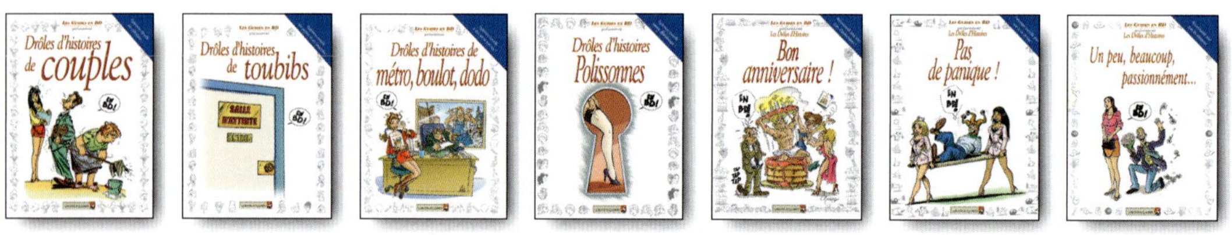
Drôles d'histoires de couples
Drôles d'histoires de toubibs
Drôles d'histoires de métro, boulot, dodo
Drôles d'histoires Polissonnes
Bon anniversaire !
Pas de panique !
Un peu, beaucoup, passionnément...

Les Mini-Guides en BD

le mini-guide du Bélier
le mini-guide du Sagittaire
le mini-guide du Cigare
le mini-guide du Whisky
le mini-guide du Chien
le mini-guide du Chat
le mini-guide du Basket
le mini-guide des Arts Martiaux

TEST: TES FRÈRES ET SOEUR

SI TU AS BIEN SUIVI TOUS LES CONSEILS DE CET ALBUM, TES FRÈRES ET SOEURS DOIVENT ÊTRE PARFAITEMENT AU POINT.

À L'HEURE DE TE LEVER

A- TA SOEUR TE VERSE UN SEAU D'EAU GLACÉE SUR LE CRÂNE PARCE QU'ON N'A PAS DE TEMPS À PERDRE.

B- TA SOEUR TE JOUE UN AIR DE VIOLON POUR NE PAS TE BRUSQUER.

C- TON PÈRE NE T'A PAS ATTENDU POUR T'EMMENER À L'ÉCOLE, IL EST DÉJÀ PARTI.

QUAND LE PROF DE MATHS REND LE CORRIGÉ DE L'EXERCICE QUE TON FRÈRE A FAIT À TA PLACE

A- 0/20: TON FRÈRE S'EST TROMPÉ, IL A FAIT UN DEVOIR DE GÉO !

B- 20/20: TON FRÈRE A DONNÉ TOUTES SES ÉCONOMIES AU PROF POUR QUE TU AIES UNE BONNE NOTE.

C- TROIS HEURES DE COLLE: TON PÈRE DÉCOUVRE LA COMBINE, TE DÉNONCE AU PROF ET TE PRIVE D'ARGENT DE POCHE.

À LA CANTINE LE MIDI

A - CHACUN POUR SOI, C'EST DOMMAGE, C'EST TON FRANGIN QUI A EU LA DERNIÈRE PART DE GÂTEAU AU CHOCOLAT.

B - TON FRÈRE ATTEND QUE TU AIES FINI DE MANGER POUR CHOISIR SES PLATS.

C- TA MÈRE SE PLAINT AU PROVISEUR PARCE QUE VOUS N'AVEZ PAS ASSEZ À MANGER.

PENDANT LA RÉCRÉ

A - TA FRANGINE SE RÉUNIT AVEC SES COPINES POUR SE MOQUER DE TA NOUVELLE COUPE DE CHEVEUX

B - TA SOEUR VA DIRE À LA PETITE ZOÉ QUE TU AS CHANGÉ DE COUPE EXPRÈS POUR LUI PLAIRE.

C - TU ES CONVOQUÉ CHEZ LE PROVISEUR AVEC TES PARENTS POUR PARLER DE TES PROBLÈMES D'INDISCIPLINE.

À LA SORTIE DES COURS

A- TON FRÈRE SURVEILLE QUE TU RENTRES IMMÉDIATEMENT À LA MAISON.

B- TON FRÈRE RENTRE RAPIDEMENT POUR DIRE À TES PARENTS QUE TU RESTES EN CLASSE POUR RÉVISER.

C- TA MÈRE T'ATTEND DEVANT LA PORTE DE L'ÉCOLE.